プロフェッショナル
13人が語る

わたしの声優道

目次

はじめに

声優とはどのような仕事なのか。

各インタビューを読む上で知っていると理解が進むポイントを以下に簡単に記す。


まずキャスティングが行われる。

メインキャラクターのキャスティングに際しては、オーディションが行われる場合が多い。オーディションの参加者は、渡された資料をもとに所定の台詞を演じる。その場で音響監督などからリクエストが出て、何パターンか演じる場合もある。

一方でオーディションが行われず、監督などからキャストの希望が出てそれで決まる場合もある。脇を固める配役については音響監督が全体のバランスを考えて采配し、監督などの確認を経て決まることが多い。

テレビシリーズのアフレコは、週1回、決まった曜日・時間に行われ、原則としてキャストが全員揃って収録する。キャストが集合し、一斉に収録するスタイルは日本製アニメの特徴だ。この時間に都合がつかないキャストは、〝抜き（抜き録り）〟といって個別に収録する。

キャストはアフレコの一週間ほど前にアフレコ用の映像が入ったDVDとアフレコ台本を受け取る。アフレコ台本とは、絵コンテのト書き、台詞などを書き起こしたもので、キャストは映像とアフレコ台本を見比べながら、自分の台詞に印をつけたり、ブレス（息つぎ）位置などを確認し、台本に書き込んで収録に臨む。

テレビシリーズのアフレコは、Aパート（前半）とBパート（後半）に分けて行われる。それぞれの長さはおよそ10分程度。半パートごとを通してテスト、ラストテスト（ラステス）、本番とテイクを重ねていく。テストが1回だけで、そのまま次が本番になる場合もある。

テストが終わるとコントロール・ルームにいる監督、その回の演出担当が演技の方向性などについて変更してほしいポイントを音響監督に伝える。音響監督は、その要求を一旦咀嚼《そしゃく》し、自分らの要望も加えた上でキャストに伝える。監督自らがキャストにディレクションする場合もあるが、音響監督がまず前面に立つ仕組みが伝統的なスタイルで、それもあってキャストにとって音響監督の存在は非常に大きい。

キャストはテストを受けて出てきたディレクションを踏まえ、演技のテイストを変えて、ラステスあるいは本番に臨む。ここで求められる対応力が、声優が職人といわれる所以《ゆえん》のひとつである。

スタジオ内にはマイクが3～4本たてられ、キャストは入れ代わり立ち代わりしながら収録を行う。どのタイミングでどのマイクに入るのか、といったマイクワークを考えながらの演技は、新人声優が慣れるまで苦労するポイントのひとつ。また当然ながら、アフレコ中はノイズは厳禁で、足音はもちろんのこと、衣擦《きぬず》れやアクセサリーの音にも気を配る。リップノイズ（唇同士が触れる音）やペーパーノイズ（台本をめくる音）なども問題になることがある。

現状、アフレコ時にアニメの映像が完全に完成していることは非常に少ない。そこで台詞のタイミングは、未完成の映像の上にボールド（役の名前が書かれた札）が映し出されることで示される。このボールドが映っている間に当該のキャストが演じる。絵より音声が先行する結果、現在では収録した音声にあわせてキャラクターの演技が作画されることも少なくない。

テレビシリーズのアフレコは毎回、およそ数時間程度で終了する。一方で映画のアフレコは3日前後かけて収録することが多い。

本文中に言及されている作品には、放送開始年もしくは公開年と主たる監督名を補記しました。

I

声優になるつもりはなかったけれど

朴璐美

自分の体験・体感が根底にないと本当にならない

ぱく・ろみ

LAL所属。1998年に**『ブレンパワード』**のカナン・ギモス役でデビュー。少年役や姉御肌の女性キャラクターを多数演じている。代表作に**『∀《ターンエー》ガンダム』**（ロラン・セアック）、**『ドラゴンドライブ』**（大空レイジ）、**『エアマスター』**（相川摩季）、**『鋼の錬金術師』**（エドワード・エルリック）、**『BLEACH』**（日《ひ》番谷《つがや》冬獅《とうし》郎《ろう》）、**『うえきの法則』**（植木耕助）、**『NANA』**（大崎ナナ）、**『進撃の巨人』**（ハンジ・ゾエ）などがある。東宝ミュージカル『レ・ミゼラブル』の出演や、自ら舞台をプロデュースする他、ボイススクール「Studio Cambria」も主宰する。

『Febri』Vol.39（2016年12月）掲載

“人間”になりたかった

――朴さんは、俳優を多数輩出している桐朋《とうほう》学園芸術短期大学の出身ですよね。

そうです。でも、大学時代にこの仕事に就こうと思ったわけではないんですよ。

――そうなんですか？　もともと演劇には興味はあったわけですよね？

中学時代、一番仲が良かった子が演劇部だったんです。それで中学3年のときに、その子の発表会でお芝居を見たら、自分の中にジュワッと熱みたいなものが生まれてきて。でも、もう3年生だし、彼女が一生懸命やっていることに対して、あとから「私もやりたい」と言うこともできない。そもそも、中学のときは家が厳しくて、部活をやらせてもらえなくて。だから、そんな言葉にならないような気持ちがあって「なんなんだろう、このモヤモヤ感は」と思っていました。そのあとエスカレーター式で高校にあがって、いざ部活をやって良いと言われたときに「どうしよう？」という感じになってしまって。

――それで演劇部を選んだわけですね。

女子校だったので「好きな先輩を作らなければいけない」という暗黙のルールのようなものがあったんです（笑）。私はあまり人気がない、とある先輩を好きになろうと決めたのですが、その先輩が「瑠美ちゃん、うちの演劇部に入りなよ」と言ってくれて。ふたつ返事で「入ります」と言ってしまったんです。そうしたら「ものを作るのは楽しい！」と実感できて。3年間、がむしゃらに演劇部をやって、気がつくと進路が決まっていないのは私だけで（笑）。そのときは、卒業したらアクセサリーデザインの専門学校に行きたかったんです。でも、当時、母親から「大学を卒業していないとお見合いに響くから、頼むから大学に行ってくれ」と言われて。とはいっても、エスカレーターの女子大はもう嫌で、それで

国語一教科だけで受験できる桐朋学園を選んだんです。「漢字ドリルだけやっていれば入れるかな？」ぐらいの考えでした（笑）。

――そんな経緯だったんですね。

だから、桐朋のときは演劇漬けみたいな生活を送っていたわけではなかったです。大学に入ると、ものすごく人気のある同級生と恋人になったんです。それで、その人に振り回される生活が始まりました（苦笑）。卒業後、みんなは劇団に入ったりしていたのですが、私は韓国留学を選びました。韓国には高校時代から行きたいと考えていたのですが、親に「今は学生運動とかが盛んだから」と止められていて。そのあと、ようやく許しが出たので、延世《ヨンセ》大学に1年間語学留学したんです。当時の韓国はまだ騒がしくて、朝に学校へ行くと、校門が催涙ガスで真っ白になっていて、あたりに残った催涙ガスで涙を流しながら登校していました。結局、あれだけ憧れていた韓国でしたけど、つかこうへいさんが言った通り「ここは母国じゃなくて祖国だな」という思いが強まって、半年で帰ってきたんです。……そうしたら私のいない半年の間に、その当時の彼氏がいろいろヤラかしていてヘビーな状況になっていまして（苦笑）。

――ああ。

「私の人生、終わったな」と思いました。どうやって生きたらいいのかわからないまま、実家に引き戻されて。そんなときに桐朋で一番仲の良かった同期に「お前にふさわしいところがある。演劇集団 円の研究所だ！　そこなら今のお前の内にある、グルグルドロドロとしたモノを全部吐き出せるぞ」と誘われたんです。

――そこで円が出てくるわけですね。演劇を志すというより、ヘビーな状況が演劇を招き寄せた感

じなんですね。

はい。だから、そのときも仕事にするなんて夢にも思っていませんでした。自分の未来がわからなくて、ただ単に〝人間〟になりたかっただけで。ずっと厳しい親のもとでフワフワしていて、結局、母親からは逃れられないのかな……みたいな状況の中にいたので、初めて自分の足で立っていいんだ、と言われたような感じがしたんです。

――円に入って楽しかったですか？

まず、その後の私の人生の恩師になる演出家の福沢（富夫）さんと出会えたことは大きかったです。福沢先生はとても器の大きい人で、そこに私のドロドロした気持ちを吐き出すことができて、やっと人間に戻れたような感覚でした。「こんなに何も考えずに没頭していいんだ、自分の内にあるものをこんなにストレートに出していいんだ」と思いましたね。だから、研究所のときは、こんなにガチになっていい状況があるんだということが、すごくうれしかったです。あとにも先にも、あんなに楽しかったのはあのときだけです。

――研究所が終わった後、役者として円に正式所属されていたわけですね。

そうですね。でも、仕事になってしまってからはつらかったです。研究所のときはあれだけ没頭できていたのに、今度は没頭することに対してダメだと言われるようなことがあって。「もうちょっと気楽にさぁ」みたいなことを求められるときがあったのですが、こっちとしては「気楽ってなんスか？　ガチンコでやりましょうよ」みたいな調子で。生意気だったということもありましたが、私としては、研究所時代にあった「板（舞台）の上だったら嘘をつかなくて済む」ということが、仕事になった途端「板の上でさらに嘘をつく」ということになってしまって、よくわからなくなってしまったんです。それで

「もう、辞めよう。OLになろう。パパに美味しいハンバーグを作ろう」と思うようになった。そんなときに、当時のマネージャーから電話があって「実は辞めようと思っている」と言ったら「オーディションの話があるので、どうせなら、それを受けてからにしたら。華々しく散れば」と言われて。それで受けにいったのが、富野（由悠季《よしゆき》）さんの『ブレンパワード』（'98）でした。

『ブレンパワード』から『∀ガンダム』へ

――富野監督は、静岡県の小土肥《おどい》で円所属の俳優・橋爪功さんが中心となって行っている「菜の花舞台」で朴さんを見ていたんですよね。

そうなんです。富野さんの長女のアカリちゃんが、円の演出部所属ということもあって、たまたま見に来ていたそうです。私は全然知りませんでしたが。アカリちゃんとは仲が良くて、彼女のお母様と妹さんとは会ったこともあったんです。でも、お父さんとは会ったことがなくて、アニメの監督だって聞いても「マジ!?　すごいじゃん」と普通に驚いていたぐらいで。

――富野監督の作品を見たことはありましたか？

全然知りませんでした。ただ、『（聖戦士）ダンバイン』（'83　富野由悠季総監督）だけは名前を知っていました。

――どうして知っていたんですか？

私は中森明菜さんが大好きで、小学校の頃に初めてシングルを買いに行ったんです。そうしたら、なぜか間違って『ダンバイン』のエンディング曲の『みえるだろうバイストン・ウェル』が入っていた（笑）。妖精が跳ねているジャケットで。私は、そのレコードを買うだけで精一杯なくらいシャイな子供

だったので、返品にも行けず。それで『ダンバイン』のタイトルだけは知っていたんです。

——そんなことが（笑）。『ブレンパワード』のオーディションはどうでしたか？

オーディションは、すごく楽しかったです。ただ、受かるとは思わなかった。だから、そのあと決まったと聞いてビックリしましたね。それで改めて、これは辞められないなぁ、と思いました。アフレコが始まっても『ブレンパワード』は「こんなに楽しい現場があるのか」というくらい楽しかったです。舞台に幻滅していた中、キャラクターたちに各々の役者が意識を持って魂を吹き込み、ひとつの物語を作り上げていくというのが「舞台より舞台なんじゃない？」と思いました。

気持ちを解放できていたのは、お父さん——富野さんのことですけど——のおかげかなと思います。お父さんは、すごくシャイな方だと思うのですが、役者のもやもやした気持ちを取っ払おうとして自ら飛び込んできてくださったんですよね。だから、福沢先生と同じで「この受け皿にワーッと出していいんだ」みたいな感覚があって。それから、音響監督の浦上（靖夫）さんも、すごく丁寧に妥協しないでやってくださっていて。私は、当時何度も「もう1回やらせてください」と言っていたんです。でも、それはあまり良くないかなと思って一度言わなかったことがあって。そうしたら、浦上さんが「朴さんはやりたいんでしょ？　いいよ、もう1回やろう」と言ってくださったので、涙が出そうなくらいうれしかったのを覚えています。だから、毎週水曜日午後4時からの収録が本当に楽しみでした。

——続いて『∀《ターンエー》ガンダム』（'99　富野由悠季総監督）の主人公ロラン・セアックも演じます。

『ブレンパワード』の打ち上げのときに、もうこれが最後だと思っていたから、泣きながら皆さんに「本当にありがとうございました」と挨拶していたのですが、富野さんから「これでおしまいじゃないんだから」と言われたんですよ。でも、そのときにはわかりっこないことで。

――そうですよね。『∀ガンダム』にはオーディションはあったのでしょうか。

ありました。『∀ガンダム』では、月の世界の女王、ディアナ・ソレルと、彼女と瓜ふたつのキエル・ハイムをひとりの役者が演じるのですが、私はそのディアナ／キエル役でオーディションを受けました。そうしたら、その場で音響監督の鶴岡（陽太）さんに「ロラン君もやってみて」と言われて。『ブレンパワード』のときに冬馬《とうま》由美さん（『ああっ女神さまっ』ウルドなど）が男の子役を演じるのを見て「声優ってマジですごい」と思って見ていましたけど、「今、ここで私がそれをやるのか」と。だから、見よう見まねでやりました。そのときは、ロランの友達、フラン・ドールとの掛け合いだったのですが、フランで受けに来ていた高橋理恵子さん（『シムーン』ネヴィリルなど）と一緒に録ることになって。まさかそれが、ロランとディアナ様で決まるなんて夢にも思わず。

――過去のインタビューでも、男の子役という部分でかなり悩んだと話していました。

『ブレンパワード』のときは「こんなに作らなくて、自分のナチュラル、リアルでやっていいんだ」というのが、すごく楽しかったんです。それに対して、ロランは「男の子だ」ということで、自分を縛ってしまったように思います。「男の子ということはあまり意識しなくていい」と言われていたのですが……。緒方恵美《めぐみ》さん（『幽☆遊☆白書』蔵馬《くらま》など）が『新世紀エヴァンゲリオン』（'95 庵野秀明監督）の碇《いかり》シンジという男の子役をやっていると聞いて、すぐにDVDを見たり。そうやって勉強しても、自分ひとりがフェイクをかけて演じている感じがありました。それを見かねた富野さんが「そんなに頑張らなくていいんだよ」とか「朴璐美がしゃべったらそれが全部ロランなんだから」と言ってくれていたのですが、それでも力を抜くことができなくて。「私がこの現場を盛り上げないと！」と気負ってやっていたように思います。

――さらに、『ガンダム』シリーズの主人公というプレッシャーもありますよね。

最初、そこに関してはまったくなかったんです。ところが、初回のアフレコ前に囲み取材があって、「『ガンダム』の主人公をやるプレッシャーはありますか？」という質問を受けたときに、ハッと『ガンダム』というタイトルの大きさに気がついてしまって。「朴さんは（歴代の）『ガンダム』の中では、唯一女性で主人公役を演じている人ですよ」ということも言われました。そう言われて初めて、もの凄いプレッシャーがかかりましたし、スタート前に扁桃腺の摘出手術を受けたことも加わったせいか、中盤以降は喉が潰れてしまいました。途中で子安武人《こやすたけひと》さん（『ジョジョの奇妙な冒険』ディオなど）が演じる軍人のギム・ギンガナムがやってきて、割れんばかりのいい声で迫ってくるわけですけど、こっちは喉を潰しちゃっているから、声が出ないやら裏返るやらで。毎収録、悔しかったです。『∀ガンダム』のときは、本当にいろいろありました。交通事故に遭ったりとか。

――交通事故ですか！

はい。収録の前日に事故に遭って救急車で運ばれて。顔も腫れていて、骨折した状態で収録現場に行ったら「そんな状態で来るな！」と言われ「なんでですかー！」と泣きながら食い下がったり。気持ちはやれるつもりでも、全然できていなかったですね。何か、見えないプレッシャーが働いていて、そういう事態を招いていたのかもしれません。富野さんにも「（アクシデントが）全部お前のところにいってしまったね」と言われたくらい。できないなりに番組を背負うということに挑戦して、その無理がいろいろなところに不具合として出てきたんじゃないでしょうか。だから、本当に悔しくて。もう一度『∀』をやりたいくらいです。今でもやりたいです、大好きな作品なので。

「声優です」と胸を張れるように

――その肩の力の入り方は、『∀ガンダム』のあとも続いたのですか？

続いていました。『デジモンアドベンチャー02』（'00 角銅《かくどう》博之シリーズディレクター）でデジモンカイザー（一乗寺賢）を演じたときも、「私は声優のスキルで呼ばれているわけではなく、そこから外れているから声がかかったんだ」と思っていました。だから「尺に合わせるとか、キャラに寄せることなんて知らない！　そんな不自然なことやりたくない！」「私はそれをやらないから、呼ばれているんでしょう」と考えている生意気小僧でした。そんな自分を、良しとしてくれている人だけが面白がってくれればいい、という風に思っていたので。だから、周りとあまりなじもうとしていなかったかもしれないです。そこは本当に反省です（苦笑）。

――その姿勢がどこかで変わった。だからこその反省ということですよね？

はい。変わったのは『シャーマンキング』（'01 水島精二監督）で主人公・葉《よう》のライバル、道蓮《たおれん》役に決まったときですね。ヒロイン、恐山《きょうやま》アンナ役の林原めぐみさん（『スレイヤーズ』リナ＝インバースなど）と物語の鍵を握るハオ役の高山みなみさん（『名探偵コナン』江戸川コナンなど）に、首根っこをつかまれる感じで、毎週ご飯をご馳走になりながら、いろいろと教わりました。「あなたがそんなに大切にしている芝居って、マイクワークもできないくらいのものなの？」とか「次の人が台詞をしゃべりやすいように、自分が退《ひ》くのも全部含めて芝居なんじゃない？」とか「そんなに身勝手なことを舞台でやっているの？」とか。「こいつは本当にダメだから教えてあげなきゃな」というところで教えてくださったんだと思うんです。それで目からウロコが落ちました。他にも「何でそんなひとりでやった気になっているの？」と

か「だから、声も出ないんじゃん。声も詰めているんじゃん。だから、喉を潰すんだよ」とか、いろいろなアドバイスをもらって。

――そうして、自分でいろいろ変わろうという感じになったのですね。

なりました。『シャーマンキング』の途中、『ドラゴンドライブ』（'02 川瀬敏文監督）という作品の主人公の大空レイジに決まりました。そのときに父ちゃん――みなみさんのことを、こう呼んでいるのですが――に「『ドラゴンドライブ』で主人公に決まりました！」と報告すると、「よし、やることはわかっているね？」と言われ、「はい、背負います。座長をちゃんとやります」と答えました。それ以降は『シャーマンキング』の現場で会うたびに、『ドラゴンドライブ』の現場の報告をしました。「父ちゃん、今回はコレをやってみたんですけど、どうですか？」「それは甘いな」「わかりました。練り直します！」。そんなやりとりをしていましたね。

――その『シャーマンキング』の水島精二監督が、『鋼の錬金術師』（以下『ハガレン』、'03）の監督になり、朴さんが主人公のエドになります。こうして見るとキャリアが積み重なってのエドなんですね。

本当にそうです。すごく繊細で純朴としたロラン君から、悪役のデジモンカイザーと繊細な一乗寺賢君、ニヒルな道蓮、熱血な大空レイジ。〝男の子〟と、ひと括りにできないくらいにさまざまな役をやらせていただいて。それを経ていなかったら、『ハガレン』のエドには向かえなかったかなと思います。

――ということは、その過程のどこかで「声優」という自覚も生まれてきたわけですよね。

やっぱり大きいのは『シャーマンキング』の体験ですね。「お前は誇れないことをやっているのか」ということを突きつけられて、号泣して大暴れして。そこからですね、「声優です」と胸を張って言え

るようになったのは。

――声優という肩書については、どう思っていますか？

声の仕事のときには、もちろん「声優」でいいですよね。でも、舞台のときに「声優」はおかしいじゃないですか。だから、そこは女優、俳優ですよね。とすると、何かテレビやラジオ番組に出演したときに、女優と書くか声優と書くか、どちらがいいか。認知度としては声優のほうが高かったりするので、そこは声優でいいんじゃないかとも思います。だから、プロフィールをどう書くかはちょっと悩ましいんですよ。……最終的には、そんなことはどうでもいいとは思うんですけどね。例えば、声優・女優・ナレーターって列挙すれば、それでいいのかどうか。人がジャンル分けをしたいということもわかるのですが、ジャンル分けされるほうは「勝手にジャンル分けされてもな……」という気持ちはありますよ。どんなところで括られても私は朴璐美なのに、と思いますね。

――ジャンル分けということで言うなら、２０１３年には実写映画『あかぼし』（吉野竜平監督）で主演をされています。

私は映像にはあまり興味がなかったので、最初は乗り気ではなくて。それで監督に会って決めようと思ったんです。そうしたらすごく変わった方で（笑）。私が『ハガレン』のプロモーションのために、深夜のバラエティ番組『やぐちひとり』（'04～'09）に出たことがあったのですが、それが印象に残って、声をかけてくださったそうです（笑）。とても丁寧に書かれた脚本で、それがすごく魅力的だったので、出演を決めました。撮影も自由にやらせてくれて。妹とケンカをするシーンは、なかなか自分の中で腑に落ちなくて「よっちん（吉野監督）、ごめん、何もやらないでボソボソやってみていい？」と提案したら、「いいっすよ。カメラ回しますから」と。でも、それもやってみたらなんか違って。さらに「ごめん、

カメラワークとかあると思うけど、段取りも何もなしにやっていい？」と提案したら、吉野監督も受け入れてくれて。

――お話を聞いていると、声の仕事にしろ、舞台や映画にしろ、朴さんの中では「ウソじゃない」ということが大切なんですね。

そうですね。私もしゃべっていて思いました（笑）。アニメーションでは、そのキャラらしく外側を作らなくてはいけないとか、視聴者にわかりやすくポイントを印象づけないといけないとかがありますが、最終的に中身は正直でありたいんです。作りごとだから作りごとをやるんじゃなくて、作りごとだからこそ、その根本でウソをつかないでやるというのが、一番の表現じゃないかな、と。プロだから尺やテンポを合わせるのは当然だけれど、尺やテンポを合わせられるからプロというわけではないですよね。そういうことを気にしないでやれるのが、本当の表現なんじゃないかと、私は思っています。

役が〝入ってくる〟か〝入ってこない〟か

――少年役だけでなく、姉御っぽい女性キャラクターも多数演じています。その中では、『学園戦記ムリョウ』（'01 佐藤竜雄監督）の守山那由多《なゆた》は異色ですね。

そうですね。那由多は私自身、よく私を選んでくれたなと思います（笑）。姉御キャラは……振り返ると、多いですね。もともとは私、妹キャラなんですよ。実際に姉もいますし、弱い犬みたいにキャンキャンと吠えますが、（高山）みなみさんやめぐさん（林原めぐみ）に首根っこをつかまれたら、「クゥーン」といって動けなくなるような、そういうタイプですから。それがだんだん姉御キャラになってきちゃいましたね。

——性別でいうと『進撃の巨人』（'13　荒木哲郎監督）に登場するハンジは性別が明言されていません。

私は最初、普通に女性だと思っていたんです。性別が明言されていないとは知らなかったので。それで、女性としてお芝居をしたら、音響監督の三間《みま》（雅文《まさふみ》）さんが「いや、普通の女性だったらお前を呼ばないし」と（笑）。それで「性別がわからない感じがいい」と言われまして。だから、あまり性別を意識せず、巨人に対してすごい執着心があればいいのだろうと思って演じていました。

——そういえば、実写映画でハンジを演じた石原さとみさんにハンジのお芝居について説明したそうですね。

三間さんと、さとみちゃんがたまたま知り合いだったみたいで、私と話をしたがっているという話を聞いたのが最初です。そうしたら「石原さとみです」と電話がかかってきまして（笑）、「ちょっとハンジについてお聞きしたいのですが、どうやって演じていらっしゃいますか？」と。それで前後の台詞を教えてもらって、アニメではどうやっていたかをお話して。その後も何度か電話でやりとりしました。一番驚いたのは、芝居の稽古のときですね。休憩中に電話を確認したら、留守電に「朴さん、今、撮影中なんですけど、笑い声がわからないので笑ってください」と吹き込まれていて（笑）。こちらも休憩時間しか返事ができないので、「さとみちゃん、留守電聞きました。とりあえず笑っておきます。アハハハ」と笑って（笑）。

——ああ、だから石原さんのハンジは、アニメを踏襲した感じに仕上がっていたんですね。テンションでいうと『キルラキル』（'13　今石洋之監督）の敵役である鬼龍院羅暁《らぎょう》もすごいテンションでした。

（笑）。あれはもう、（脚本の中島）かずきさんがねぇ……。あんなに調整室のガラスの向こう側から、笑

い声が漏れてくる現場はなかったです。かずきさんも今石監督も一緒になって、大人が子供になって遊んでいるみたいな現場でした。羅暁はその中でも、かずきさんが力を入れて描いてくださったキャラクターだということが、よく伝わってきて。小清水亜美さん（『交響詩篇エウレカセブン』アネモネなど）が演じる流子《りゅうこ》との対決のときは、かずきさんから「朴さん、楽しみにしているよ！」とプレッシャーをかけられました（笑）。亜美さんはまだ若い頃から知っている相手だから、こんなに成長したんだなという思いも込めながら演じました。かずきさんは、私がうまいことやるとすごいつまらなさそうな顔をするんです。でも、ちょっと飛び越えたことをやるとすごくウケてくれる（笑）。

なので『キルラキル』の現場では、毎収録飛び越えていました。それは、役者全員がそんな感じでしたね。そのあたりのノリは、富野監督の現場ともちょっと似ていて。富野さんからも「飛び越えてくれ」という注文がよくあるんです。「飛び越えないで」というオーダーが多い中で、「飛び越えて」と言ってくれる方は少ないので、とても面白い現場でした。

――朴さんは役との距離感をどんな風につかんでいくのでしょうか？

〝入ってくる〟か〝入ってこない〟か、ですね。入ってこないときには本当に苦労するし、入ってきちゃうときは何も考えなくても入ってきちゃうし。それが、男性であろうと女性であろうと、スイッチが入っちゃうときは入っちゃうんですよ。だから、何も考えないでバーッとしゃべったほうが面白かったり、「やってやるぜ！」と、ものすごく頑張ってやっても全然ダメだったり。そのあたりは、何がスイッチになっているのか自分ではよくわからないですね。

――例えば『ハガレン』のエドはスッと入れたのでしょうか？

そうですね。エドは第１話の最初から腹が立っている状態で、砂漠を「あー、あっちぃー」と言いな

がら歩いているシーンでしたよね。だから、ありえない音を出したいと思って、ただの「あー、あっちぃー」じゃなくて、もっと低く「アァー、あっぢぃ〜。やってらんねぇ」みたいな感じで演じて、結構挑戦的な構えで始まりました。「きっとおっさんくさいとか言われるだろう」と思いながらやっていたのですが、案の定言われました。とはいえ、こちらも「はい」と言いつつ、リテイクでもあまり変えなかったりとかして（笑）。そうすると30テイクぐらいリテイクされたりもしましたけどね。……なので、第1期のときは、そういう私の喧嘩腰の姿勢と、エドがうまくリンクしたのかなと思います。

――感情もリンクするポイントのひとつなのですね。そして、『ハガレン』は原作の完結に合わせて原作準拠で再アニメ化された第2期（'09 入江泰浩監督）もありました。

第2期は、途中までがすごくしんどかったです。第1期で演じた内容を、また最初から演じるという戸惑いがあった中、さらに追い打ちをかけるように周りの役のキャスティングが変わっていて。新しい座組の中で、私とアル役の釘宮（理恵、『とらドラ！』逢坂《あいさか》大河など）が「『ハガレン』はこっちだよ」と旗を振らないといけないというプレッシャーがありました。例えば、第1期であれば、ロイ役の大川（透）さん（『攻殻機動隊 STAND ALONE COMPLEX』サイトーなど）、リザ役の根谷《ねや》（美智子）姉ちゃん（『フルメタル・パニック！』メリッサ・マオなど）という圧倒的な大人のふたりに「コンニャロー」と噛みついていけば良かったんです。大川さんも根谷姉ちゃんも余裕しゃくしゃくで「来るなら来なよ」みたいな感じで応対してくれていましたからね。

でも、第2期では、ロイ役の三木（眞一郎）さん（『機動戦士ガンダム00《ダブルオー》』ロックオン・ストラトスなど）にしても、リザ役の（折笠《おりかさ》）富美子《ふみこ》（『コードギアス 反逆のルルーシュ』シャーリー・フェネットなど）にしても、前の人たちと比べられるという不安を抱えながらのスタートだったので、とにかく芯を太く持とうとするこ

とに精一杯になっていました。それが、第1期では未登場だったリン・ヤオ役で宮野（真守《まもる》）くん（『DEATH NOTE』夜神月《やがみライト》など）が出てきたあたりから、新しい『ハガレン』という感じで楽になってきて、4クール目になる頃には逆に周囲を頼って演じられるようになりました。

――似て非なるストーリー、座組だけに苦労もあったんですね。

はい。でも今思えば、それだけ『ハガレン』の持つエネルギーが高かったからだなと、改めてリスペクトですね。……あの、言ってもいいですか。

――はい？

私が演じてきたキャラクターの中で、実は一番好きなのは『ヒゲぴよ』（'09 武山篤監督）のヒゲぴよなんです。あまり聞かれることがないので、ここはちょっと言っておきたくって。

――伊藤理佐さんの4コママンガが原作の、オヤジみたいなヒヨコのお話ですよね。

そうです。ハゲの新薬を改良しようとして生まれたヒヨコで、イカを食べながら大吟醸を飲んで「プハー」とか言うんですよ。最高ですよね（笑）。『ヒゲぴよ』はオーディションの時点から面白くて。オーディションって、普通は似た傾向の役者さんが揃うわけですけど、『ヒゲぴよ』はバラバラ（笑）。私もいれば、男性もいたし、オッサンもいたし、可愛らしい女の子もいたんですよ。可愛い路線なのか、リアルオヤジ路線なのか、いろいろな可能性を探っていたと思うのですが、そんな中で私に落ち着いたのかな、と。またどこかでやってくれないかって思っている、大好きな作品なんですよ。

――ギャグをもっとやってみたいという気持ちがあるんですか？

ギャグというか『ヒゲぴよ』をやりたいです（笑）。あ、ギャグといえば、吹き替えですけど『アドベンチャー・タイム』（'10 ペンデルトン・ウォード総監督）もすごく面白いですね。もっと大勢の人に見てもら

いたいです。『アドベンチャー・タイム』は、まず向こうの原音のお芝居がいいんです。芝居がものすごーくフラットで、それが面白い雰囲気を出していて。吹き替えは、他のアニメに比べたらフラットですけど、あれでも原音に比べたら、若干起伏があるように演じているんですよ。『アドベンチャー・タイム』はさらにそこに加えて歌を歌ったり、ヒューマン・ビートボックスみたいなことをやらされたりして、かなり大変なのですが、すごく好きな作品のひとつです。

できる限りまっすぐ生きたい

――先ほど、高山みなみさん、林原めぐみさんといった先輩の話が出ました。では、ライバルというか、その人がいることで刺激を受けるような相手はいますか？

そうですね。……今ふっと浮かんだのは、関智一《ともかず》さん（本書第Ⅱ部）です。

――なぜ関さんなんですか？

智ちゃんは、言ったことを具現化できなければ、言った言葉が死んじゃうと思っているタイプだと感じるんです。私みたいに「やらねば……」と力むタイプではないのですが、普通なら〝挨拶〟ですますような「やろうね。やりたいね」という言葉さえも、ちゃんと実行に移しているタイプ。私は有言不実行というのがイヤなんですが、そういう態度から一番遠いのが智ちゃんじゃないかと思います。表現体としてかくありたいと。まず一緒に何かをやってみたい相手ですね。

――そうなんですね。

智ちゃんには私のプロデュースした作品に出てもらったことがあるのですが、短い稽古の中で確実に役を仕留めにかかっていました。時間を無駄にしないんです。瞬間的に頭を切り替えて、この1時間の

稽古で何ができるのかを考えてやり尽くす。ダラダラと稽古したものが良いものにならないことを、彼が証明してくれているんです。それで稽古が終わってから、いろいろ芝居を考えておいて、次の稽古のときに来てそれを試す。その振る舞いは見事ですね。しかも、他のジャンルの人とも板の上で積極的にセッションをしようとするのも、さすがだなと思いました。

――「有言不実行はイヤ」。ここでも「ウソをつかない」がポイントになっていますね。

本当にそうですね（笑）。それはつまり、私が役者として我が強いということかもしれません。私は私であることをやめられないと思います。いろいろな役者がいますが、そういうタイプの役者なんじゃないかな。自分にとって一番大切なのは、やっぱり〝マインド〟、〝ソウル〟。妥協しなくちゃならないことも多い世の中だけど、できる限りまっすぐ生きたいと思っています。

今、私はStudio Cambriaという学校を作って、そこでボイスレッスンをしています。そこで私がやりたいのは、私に対して福沢先生や富野さんが大きな受け皿を用意してくれたように、今の若い子に受け皿を用意してあげたいんです。そして「出していいんだよ」と言ってあげたい。「そんなに取り繕っていたら自分を見失うよ」「まずは吐いてみて、汚い自分を見てから次に行こう」と。私にとっては、そこが自分が変わった大きなポイントだったし、その経験がなければ、本当に気持ちが動くということがわからなかったんじゃないかと思うんです。アニメの世界が架空だからって、架空のまま演じたらウソですよね。ちゃんと自分で体験・体感したことが根底にないと本当にならない。それを若い人に伝えるには、どうすればいいのか。日々考えていますね。

井上和彦

自分の幅を全部使って演じたい

いのうえ・かずひこ

B－Box所属。1973年に声優デビュー。76年**『一休さん』**の哲斉《てっさい》役で初めて名前のある役を担当し、**『キャンディ♥キャンディ』**のアンソニー役で注目を集めた。初主演は77年の**『超合体魔術ロボ ギンガイザー』**の白銀《しろがね》ゴロー。デビュー当初はナイーブな青年役が多かったが、次第にクールなライバルキャラからコミカルなサブキャラクターまで守備範囲を広げるようになった。その他の代表作に**『サイボーグ009』**（009）、**『赤い光弾ジリオン』**（チャンプ）、**『NARUTO－ナルト－』**（はたけカカシ）、**『妖怪人間ベム』**（ベム）、**『夏目友人帳』**（ニャンコ先生）、**『ジョジョの奇妙な冒険』**（カーズ）などがある。

『Febri』Vol．40（2017年2月）掲載

ニャンコ先生の気持ちになる

――『夏目友人帳』は、2016年には『伍』(大森貴弘総監督)が放送され、今年(17年)は第6期の『夏目友人帳　陸』(同)が放送されることが予告されています。スタートから、もう8年を超えましたね。

――猫の姿をした妖怪であるニャンコ先生のお芝居というのは、どうやって出来上がったのでしょうか?

テレビアニメのオーディションの前に、CDドラマでニャンコ先生を演じていました。そのときは「普通にやってください」と言われたんです。「これを普通にやるの?」という感じでしたけれど(笑)。それから、改めてテレビアニメのほうでも決まりまして。ニャンコ先生と斑《まだら》を僕がやるということでしたが、こちらも大森監督から「好きにやってみてください」と言われたので、今皆さんが見ている感じになりました。

――ニャンコ先生のような、人間でないキャラクターの役作りというのは、どうやってアプローチをするのでしょうか?

役作りは全て一緒です。「自分がそのキャラクターになったときに、どう感じるか、どうするか」。その感覚が基本です。例えば、僕は身長が173センチあります。それに対して、体長が30センチぐらいの生き物を演じるとなると、今の自分の1/6ぐらいになる。すると、自分にとっての1メートルが、その役にとっては6メートルほどに感じられるわけです。子供のときに育った場所を大人になってから再び訪れると、「あれ、こんなに小さくて狭い場所だったのか」となりますよね。この場合は、その逆

の感覚です。もし、これが大きい体の役であれば、いろいろなものが近く、小さく感じられるでしょう。大事なのは、そういったことが単に計算上のことではなく、自分の感覚として感じて演じられるかということなんです。

――その役が置かれた環境を感じ取って演じるということなのですね。

自分がそういったつもりになれば、自然にその声が出てくるわけです。その役の気持ちになるというのはそういうことです。

未完成だった『サイボーグ００９』

――２０１６年は過去に何度もアニメ化されている『サイボーグ００９』の最新シリーズ『CYBORG009 CALL OF JUSTICE』(神山健治総監督)もイベント上映されました。こちらは敵のトップ、エンペラー役です。

主人公００９を演じた１９７９年の『サイボーグ００９』(高橋良輔監督)から37年経って、まさか今回みたいな形で、自分が出演するとは思いませんでした。ラスボスを誰にするかという話になったときに、神山総監督が僕を指名してくださったみたいですね。ただ、オファーは「ラスボスですけど、いかがでしょうか？　やっていただけますか？」みたいに、様子を伺いながら。「もちろん、やります」とお引き受けしました。

――『サイボーグ００９』もとても息の長いシリーズですよね。

石ノ森章太郎先生が作り出した『００９』の世界について、皆さんそれだけ思いが強いのでしょう。僕も、もちろん思い入れがあります。新作があるなら、どんな形でも関わることができたらいいなと思

っていたので、今回の『００９』の世界で、また違うポジションを演じることができてとても光栄でした。

――００９といえば、「加速装置！」の台詞が有名です。これは井上さんが演じた79年版から登場した台詞です。

あの「加速装置！」という台詞は、台本にはなかったんですよ。最初は「ピキーン！」という効果音だけの予定で。でも、そこで言いたくなってしまって、言ってみたんです（笑）。そうしたら、「それでいってみましょう」ということになって。だから、のちに台本に「加速装置！」と書かれたときはうれしかったです。

――００９役はやはりオーディションだったのですか？

はい。当時、他の作品で主役を演じられていた方は、あらかたオーディションを受けていたようです。ただ、それでも高橋監督的には「これだ」という感じがなかったようで。そこで監督が「どんな新人でもいいから声を聞きたい」とおっしゃったことで、僕もオーディションを受けられることになったんです。

――それまでに井上さんは『キャンディ♥キャンディ』（'76 今沢哲男、設楽《したら》博監督）のアンソニーや『超合体魔術ロボ ギンガイザー』（'77 案納正美《あんのうまさみ》監督）の主役・白銀《しろがね》ゴローを演じていますね。

主役はその『ギンガイザー』だけですね。あとは番組レギュラー（特定の役を持たないレギュラーで各話のモブなどを演じる）が中心で。だから、その日も、番組レギュラーの収録が終わってから、オーディションを受けに行きました。ただ、『ギンガイザー』が熱血ものだったこともあって、何でもかんでも力んでしゃべってしまって。オーディションのテストが終わったときの反応もあまり良くなかったんです。それで、本番を録るときに名前と役名を言ったら、高橋監督がパッと立ち上がって「井上くんそれだよ、００９は!!」とおっしゃったんです。僕としては、普通に「島村ジョーです」といっただけだったので

「え？」と(笑)。きっと、力が抜けていた感じが良かったのでしょう。だから『００９』に受かったあとは、そのときの感じを忘れないように、必ず名前を言ってから台詞の練習をしていました。

——収録が始まってからはどうでしたか？

難しかったです。どうやっていいのか、わからなくて。その当時は青二《あおに》プロダクションに所属していたのですが、事務所に行ったら社長に「下手くそ！　ちゃんと芝居をしろ！」と言われてしまいました(苦笑)。

——それは厳しいですね。

当時、『００９』の音響演出だった太田(克己)さんは実写も手がけていた方で、収録の仕方も実写ものようでした。1話を6分割ぐらいにして、何度も何度も回しながら収録していく。他の先輩たちは、それを心得ているからスッと進むのですが、僕はやればやるほど緊張して、硬くなってしまったということが何度もありました。

——キャストの中では、一番キャリアが浅かったのではないでしょうか？　００４はもちろん、００２も００９より兄貴分の感じがあるということが79年版の特徴だと思うのですが。

そのとき、僕は25歳になりたてぐらいですね。００２の野田(圭一)さん(『グレートマジンガー』剣鉄也など)や００４のキートン山田(当時・山田俊司《しゅんじ》)さん(『ちびまる子ちゃん』ナレーションなど)は、どちらも30代半ばぐらいで。僕が初めて名前のついた役をもらったのが『一休さん』('75 矢吹公郎《きみお》監督)の哲斉という小坊主役なのですが、『一休さん』では、野田さんは蜷川《にながわ》新《しん》右ヱ《え》門《もん》役、山田さんは将軍様(足利義満)役ですからね。デビュー当初からお世話になっていた方たちに囲まれての『００９』でした。

——００９で手応えを感じたのは、始まってどれぐらい経ってからでしたか？

それは……視聴者の方には本当に申し訳ないのですが……なかったです（苦笑）。たまに『００９』を見返さなくてはいけないときがあるのですが、見ていると、どんどん椅子に沈んでいってしまいますね。「ああ、やめてやめて……」という気分になります。今でも録り直しができるなら、録り直したい気持ちがあります。クビにならないだけ良かったな、と。でも、そのあとも高橋監督には『太陽の牙ダグラム』（'81）と『蒼き流星SPTレイズナー』（'85）で、また主役として使っていただいて本当にありがたかったです。

――００９、『ダグラム』のクリン、『レイズナー』のエイジと並べると、高橋監督の考えるナイーブな少年像と井上さんがピッタリ合致したのかな、と感じます。

ことさら、ナイーブにやろうとしているわけではないんです。ただ、００９については、お芝居も何もかもが未完成だったから良かったのかなとは思います。今であれば、違和感なく普通に演じられるとは思うのですが、逆にやろうと思っても、下手さゆえの危うい感じは出せませんからね。一生懸命戦っている姿と、何もできないけれど一生懸命お芝居をしようとした姿勢が、リンクしたおかげかなと思います。

引きこもりから新人声優へ

――ちょっとここで時間をさかのぼって声の仕事に就くまでのお話を聞かせてください。

はい。過去に１００回ぐらいしゃべっていますけれど（笑）。

――そうですよね（笑）。高校卒業後にボーリング場に勤めたところ、職場の環境が非常に大変で、引きこもりのような状態になってしまったそうですね。そんなときに友達に誘われて、養成所

であるテレビタレントセンター東京校の試験を受けて合格したことから、お芝居の世界に入った、と。

はい、要約するとそうですね。

――当時、声優になりたいとか、俳優への憧れというのはあったのですか？

なかったです。ただ、このままの生活ではいけない、という気持ちが強くて。ちゃんとした人にならなくてはいけないと思っていました。だから、「こんな仕事がしたい」という希望も持っていなくて。人と普通のコミュニケーションが取れるようになりたいという思いが強かったです。

――実際にレッスンを始めてから、演じることの面白さを感じたとか？

面白いというか……「よくこんな大変なことをやるな」という印象です。僕としては声も小さい、滑舌も悪い、芝居もわからない、というできないことだらけだったんです。それをひとつずつ、一生懸命練習することで、自分に欠けているものをつかみ取っていくような感覚でした。手塚治虫先生の『どろろ』の百鬼丸（魔物を倒し、欠損した体の48ヵ所を取り返していく）みたいなものですね。

――そして、講師だった永井一郎さん（『サザエさん』磯野波平など）から青二プロへと誘われます。

何人かと一緒に誘われたのですが、僕は「感性だけはいい」みたいな（笑）。「だから、もしかしたら化けるかもしれない」という言われ方でした。「計算はしていないんだけど、ハマったときにいいものを出すから、お芝居がわかってきたらいい役者になるんじゃないか」と紹介されました。でも、自分で自分の感性はわからないですから。

――声優の仕事を始めて「こういう役者になりたい」というような目標はありましたか？

そういうのは全くなかったです。そこまで、自分を客観的に見られていませんでしたね。今の人たち

みたいに、声優に憧れて入ってきた人は、声優業界がどういうものなのか、ある程度わかっていますよね。でも、僕はそれがわかっていなかった。僕が仕事を始めた70年代後半は、テレビの黎明期から仕事を始めた方たちが現役ではあったけれど、気がついたら若い人が育っていないという状況で。それで、ちょうどそこに僕らが入ってきて、「この若い人たちを育てよう」という時期だったんです。当時のスタジオだと、先輩が15人ほどいて、それに対して新人はふたりぐらいだったので、いろいろな先輩がいろいろなことを教えてくれた良い時代でした。それがなかったら、僕はこうやって残っていませんでしたね。

――その頃の新人というと……。

僕が始めた頃、一緒になることが多かったのは、水島裕《ゆう》さん（『六神合体ゴッドマーズ』マーズなど）とか三ツ矢雄二さん（本書第Ⅲ部）です。ただ、彼らは子役出身なんですよね。だから、芸歴としては僕よりずっと長くて。

――そんな中で『キャンディ♥キャンディ』のアンソニー役に選ばれました。

当時、22歳だったのですが、14歳の男の子なんですよ、アンソニーは。だから、「14歳のとき、自分は何をやっていただろうか」「14歳はどういう感じだろう」とか、そういうことが先にたって年齢感にとらわれてしまった。それで「14歳といえば、声変わりするか、しないかくらいの時期だろう」と考えて、裏声でオーディションを受けたんです（笑）。

――裏声ですか。

声変わりをしている人間が、声変わりをしていない役を演じようとしても、それは無理ですよね。それで、ミッキーマウスみたいな声になってしまったんです（笑）。台詞をしゃべるときは高いトーンでし

ゃべっていたのですが、馬に乗って気合が入ったときとかになると、全然締まらなくって。オーディションのときにもっと普通にやれば良かったのかもしれないけれど、逆にそれが個性というか、アンソニーってこうだよね、という感じが出ていたみたいで、それでオーディションに受かったんです。それはそれで、どうしようかと思いましたけどね。

——その頃、自分が演技について考えていたことを振り返ってみて、何か思うことはありますか？

わりと薄かったと思います。上っ面《うわつら》というか。今だったら、もっといろいろなことを考えられるのですが、そのときはそれが精一杯でしたね。別に考えていなかったわけではなかったけれど、一生懸命考えて、そこまでだった。だから、下手だと言われれば下手だったでしょう。でも、それ以上はできないぐらいに頑張ってはいました。

——今の40代後半あたりの世代は、アンソニーと００９でがっつりハートをつかまれていますね。よく「憧れていました」とか言われるのですが、自分の当時のお芝居はもう見ないでほしいと思っています（苦笑）。

——どちらのキャラも大人気キャラクターですが、演じたことで変化はありましたか？

急に周りの見方が変わった、という感じはありました。本人は何も変わっていないのですが、周りが変わりましたね。例えば、事務所から電話がかかってきてファンレターを取りに来い、と言われたんです。それで事務所に行ったら、ダンボールが積んであるんですよ。「これをどうすればいいんだろう？」という。しょうがないから自宅まで宅配便で送ったりして。当時はインターネットなんてない時代ですから、そういう意味では、今よりも、そういった熱量が多かったですね。

視聴者がその空間を想像できるような演技を

――1980年代に入ると、ナイーブな青年役もやりつつ、『タッチ』（'85 杉井ギサブロー総監督）の新田明男や『機動戦士Ζ《ゼータ》ガンダム』（'85 富野由悠季《よしゆき》総監督）のジェリドのようなライバルキャラなど、次第に演じる役の幅が広がっていきます。

80年代だと新田やジェリド以外でも、『百獣王ゴライオン』（'81 田口勝彦総監督）や『昭和アホ草紙あかぬけ一番！』（'85 うえだひでひと監督）、『忍者戦士飛影《とびかげ》』（'85 案納正美総監督）など、ヒーローものでも、いろいろなタイプをやらせてもらうようになりました。『あかぬけ一番！』は内容もどんどんオリジナルになっていって、演じていてちょっとやりすぎちゃったな、みたいなときもありましたけれど（笑）。ギャグものも多くて、『とんでも戦士ムテキング』（'80 原征太郎チーフディレクター）も楽しかったです。こっちも好き放題やりすぎて怒られちゃって（笑）。……やりすぎという意味では、『天空戦記シュラト』（'89 西久保瑞穂チーフディレクター）の迦楼羅《かるら》王レイガは、オーディションのときに絵を見て、勝手におねぇっぽいしゃべりに変えてしまったんです。

――オーディションの時点ではそういう設定はなかったのですね。

実は最初はあったのですが、「やめておこう」ということになっていたらしく、台詞は普通の言葉で書かれていました。でも、また僕が勝手に直しちゃって（笑）。そうしたら、シリーズ構成のあかほり（さとる）さんも「やっぱり、そうだよね」と（笑）。でも、戦うときはキリッと戦うキャラクターで。このあたりから、そういったオンとオフとの切り替えがハッキリしている役が増えていきました。

――その頃にはもう、演じることへの戸惑いはなくなっていたわけですよね。

だいぶ見えてきてはいました。

——どのあたりで自信が生まれましたか？

『００９』が終わったあとですね。でも、自分の思い通り……と言うとおかしいですが、「こういう風に演じたい」というものが見えてきたのは、30歳を過ぎたあたりからです。それまでは一生懸命役作りをして、キャラクターを演じている感じでした。それが『美味《おい》しんぼ』（'88 竹内啓雄《よしお》監督）の主人公・山岡を演じるあたりになると——『美味しんぼ』でもまだまだでしたが——自分で「こういう風にやりたい」と思ったものに近づけるようになって。ちゃんとそうなることができたのは、40歳を過ぎてからです。

——頭の中で考えたイメージと、自分の演技が近づいてきたということですか？

いえ、それは前からありました。そうではなく、考え方が広がってきて、全体を見て、もっとこういう風にしようというものが、冷静に見られるようになってきたんです。それは、演出や音響監督をやらせていただいたおかげですね。役者として演じるときは、自分の芝居を一生懸命演じているのですが、音響監督はどこでどんな音が鳴るか、全体を考えなくてはいけない。それを経験したことで、芝居以外の全部の空間の音を感じながら演じられるようになりました。それから随分と楽になりました。

——音響監督はどういう経緯でやることになったのですか？

『人造人間キカイダー THE ANIMATION』（'00 岡村天斎監督）のときに、石森プロの方から指名で「『００９』の井上和彦さんにぜひ」と言っていただいたんです。驚いて、「え!? いいんですか？ やったことないですけど？」と言ったら、「お芝居の演出もやっているし、生徒にも教えているからできると思います」と。それで、録音演出という形で、役者さんへのディレクションを担当したんです。そのあと、立て続けにテレビシリーズの音響監督をやらせていただいて、音楽をどう貼るかとか、そういう経験も

積んでいき、もっと深いところからお芝居を考えられるようになりました。

——効果音、音楽、役者の声という音の要素を考えてみると、役者の声が一番積極的に働きかけることのできるポジションかなと思うのですが。

そうですね。例えば、CDドラマで焚き火《たび》のシーンがあるとしますよね。普通は焚き火の燃える効果音を入れます、パチパチと。でも、ベテランの方がやると、効果音のパチパチがなくても、それが聞こえてくるんですよ。焚き火にあたりながら、しゃべっている空気が出来上がっているので、必要以上にそういう雰囲気を出すための音を入れなくても済んじゃうんです。ところが、まだ若くてそこまでイメージができていない人は、どうしても効果音を多めに入れないと、その空間が出来上がってこない。

つまり、役者が担っている部分というのは、聞いた人がその空間を想像できるような空気を作り上げることなんです。ひとことしゃべっただけで、どういう気持ちか、誰と会話しているのか、そういうことがちゃんと伝わってくる。僕らの仕事である「演技をする」ということはつまり、そういった空気を作ることなんです。

——そのときにベースとなるもののひとつが、最初にお話にあった、体のスケール感のようなものなのですね。

そうですね。ただ、そんなに単純なものではないですが。僕が、永井さんに教わっていたときに、永井さんから「マジンガーZの上に乗っかって、『マジン・ゴー！』と言ってみろ」と言われたことがありました。それで、その場で「マジン・ゴー！」と言ったら、「今の言葉では、お前はマジンガーZに乗っていない」と指摘されたんです。「マジンガーZは何メートルあるんだ？　お前はどこにいるんだ？　操縦席から叫んで、その叫びでマジンガーZを動かすつもりでやってみろ」と。これが基本です。必ず

そのシーンには空間があって、その空間を自分の中でイメージして、そこの中で自分のやる役になっていないと、その空間を感じられない。そこで例えば、熱いとか寒いとか説明的にそういう芝居をするのは違うんです。ちゃんと空間を感じられていたら、熱いとか寒いとかを説明しなくても、聞いている人はそれを感じてくれるはずで。それがきっちりとできればいいなと思います。

――そういう想像力は、どうやって養われるのでしょうか？

単純な訓練の積み重ねです。

――頭の中で想像の訓練をするのですか？

いいえ、自分の頭の中ではなく、自分の生身で感じられないとダメなんです。それは、普通の芝居の稽古でもやることとです。例えば、自分がゴリラになって、その気持ちがわかるようになるには、4時間も5時間も、そのままずっとゴリラになったつもりでいる。そうすると、「今、自分が演じているゴリラはこういう気持ちなんだろうな」ということがだんだんわかってくる。昔、『猿の惑星』（'68　フランクリン・J・シャフナー監督）という映画がありましたが、猿のメイクで出演する役者さんは、みんな撮影に入る前に猿と一緒に生活をしたそうです。そうすると、最初は猿の表情だけ真似ていたのが、そのうち考え方までも反応できるようになってくるという。その状態になってから撮影に入ったから、リアルなものになったんです。そのエピソードを聞いて、なるほど、と。演じるということは、そういうことだと思います。すごく大変だし面倒くさいものだけど、同時に一番楽しいところでもある。

――演技の魅力はそこにある、と。

演技は自分以外のものになることですからね。自分の感覚じゃないところで起きていることを、それを見ている人に、いかに感じてもらえるようにするか。それには、さっき話したような地味な訓練が必

要になってくるんです。僕も演技を始めたときは、正直面倒くさいと思っていました(笑)。「簡単にできないかな?」「それっぽく言っておけばいいんじゃないの?」って。でも、やればやるほど、これではダメだっていうことがわかってきて。

――演技の魅力に触れるには、それ相応の努力が必要なんですね。

アニメの場合、原作があるにせよ、アニメで自分が演じた役は、オリジナルになるじゃないですか。でも、そこがいい加減だと誰でもできるものになってしまう。僕は、そういうのは嫌だったし、「井上和彦に決めて良かった」と思われるような芝居をしないと、作品自体も生きてこないですし。

芝居は究極の遊び

――先ほどもお話が出ましたが、『美味しんぼ』はまた大きな転機だったのですね。

はい。オーディションの前にパイロット版を作られたそうなのですが、そのときには、別の方が山岡を演じていらして、その方でいくであろうと想定されていたようです。ところが、原作の雁屋《かりや》哲《てつ》先生が「うーん」という感じで、それでオーディションが行われて僕に決まりました。……それなのに、アフレコが始まる段階になって、僕が肺炎で3週間入院することになってしまい、「終わった……」と思いました。

――他の方でアフレコが始まってもおかしくない状況ですね。

そうですよね。でも、病院にAUDIO PLANNING U(APU)の音響監督、浦上靖夫さんがいらっしゃって、『美味しんぼ』を、当時出ていた16巻全部持ってきて「これを読んで」と。その他にも、パジャマや大きい花束など、いろいろなプレゼントもいただいて、そして「早くよくなって。退院するまで待

っているから」と言ってくださったんです。だけど、アフレコには間に合わないですよね。そうしたら、第1話の放送前に2本の特番を作ってくれて、2週間つないでいただいたんですよ。本当にありがたかったです。

――そんなことがあったのですね。

すごく大事にしていただいて、頑張らなきゃ、と思いました。とは言っても……オーディションに受かった割には、なかなかうまくいかなくて。それまで『ダグラム』や『レイズナー』でも浦上さんとご一緒していたのですが、どうしてもヒーローになっちゃうんです。自分では、山岡になったつもりでしゃべっているのですが……。

――ぐうたら社員っぽくない、と？

マイクの前でぐうたらするのは、すごく勇気がいることなんです。力を抜かなければいけないので。それで、どうやっていいかわからず、困りました。だから、テストをやるたびに浦上さんが入ってきて、指示をしてくれたりして。そんなあるとき、浦上さんがボソボソと「こうやって。ああやって」と言っているのを見て、「あれ？」と思ったんです。もしかしたらこういうことなのかなって。それで、浦上さんのマネをしてしゃべってみたんです。そうしたらOKが出ました。ボソッとしゃべるモデルがこんなにも身近にいたのか……みたいな発見がありました（笑）。

――そういうボソボソとしたしゃべり方の演技は、録音機材の発達とも関係あるのではないでしょうか？

あります。特に、機材がデジタル化されてからの影響は大きいですね。昔からやっている方は、どうしても声を張るやり方が身についていますけど、若い子は自然にしゃべるほうが得意なわりに、ボリュ

ームを出すのが苦手だったりするんですよね。そのあたりも音響監督をやってから意識するようになったのですが、機材的には格段に進歩しているので、そういうものを敵にするのではなく味方にしてやっていくのがいいんだと思います。一番いいのは、声を張らずに自然に聞こえるけれど、音量はちゃんとあることなのですが。

——それは難しいですか？

地声が大きい人と小さい人がいますよね。地声が大きくなればいいんです。僕は始めた頃、地声が小さくて蚊の鳴くような声だったので、声を出せるようなバイトばかりしていました。

——声を出せるようなバイトというのは？

立ち食い蕎麦屋とかです。「っらっしゃいやせぃぃいいい!!」みたいな。あまり考えずに大きな声が出せる（笑）。

——なるほど。浦上音響監督で思い出しましたが、『赤毛のアン』（'79 高畑勲監督）のギルバートも印象的な役でした。

『赤毛のアン』の前に、僕とアンを演じることになる山田栄子さん（『愛の若草物語』ジョオなど）は『おはよう！　こどもショー』という番組に出ていたんです。その当時の司会がタレントの太川陽介さんと香坂みゆきさん。そこに「ドレミファそらゆけ」というコーナーがあって。そこで僕がコスケ、栄子ちゃんがコユキという人形を演じて、アドリブでずっとしゃべる役をやっていました。その番組をやっているときに、栄子ちゃんが『赤毛のアン』のアン役に合格して。そうしたら栄子ちゃんが、ギルバート役は僕がいいと言ってくれたので、オーディションを受けることができたんです。そのときに「井上くんはあまりアニメに慣れていないから、『ドラえもん』（'79 もとひら了監督ほか）にも入って」と浦上さんに

言われ、一度にふたつもレギュラーが決まりました。

——そういう縁もあるのですね。

すごく可愛がってもらった感覚があります。それ以来、APUさんとのお仕事は途切れたことがないです。『それいけ！　アンパンマン』（'88 永丘昭典《あきのり》監督／かつぶしまん）も、『名探偵コナン』（'96 こだま兼嗣《けんじ》監督ほか／白鳥任三郎）もそうですし。

——長くやっている役というと、『NARUTO－ナルト－』（'02 伊達勇登《はやと》監督）のはたけカカシ先生もありますね。

カカシ先生もオーディションでした。『美味しんぼ』の山岡が持っていたオンとオフを踏まえて、先輩忍者としてのオンの部分と「イチャパラ（イチャイチャパラダイス）」を読んでいるときのオフのときとの区別をしっかりやったほうが面白いな、と思って演じています。

——そう言われると、ニャンコ先生も『レジェンズ　甦る竜王伝説』（'04 大地丙太《あきた》郎《ろう》監督）のシロンもオンとオフがありますね。

そうなんですよ。自分としては演じるときに、自分の幅を全部使ってみたいという気持ちがあります。普通の役であっても、演技の幅を上も下もギリギリまで広げて成立させたいと思っていて。だから、役からはみ出すギリギリのお芝居も「たまにはそういうこともあるでしょ？」みたいな調子で盛り込んでいます（笑）。そうやって、ちょっとずつ広げていくことによって、キャラクターが魅力的になるのだと思います。現実の人間も、ひとつの色ではつまらないじゃないですか。アニメのキャラクターでも、さまざまな面を出せたらいいかなと。

——そうするとアフレコ中に「やりすぎ」と言われることもあるのではないですか？

かなりあります（笑）。「もうちょっと抑えて」と。でも、「もっとやって」と言われるよりも「抑えて」と言われるほうが勲章ですよね。そして、それを続けていくと、だんだん演出のほうの許容範囲も広がっていくんです。「あれ!?　いつの間にかOKしちゃった」みたいな（笑）。

――井上さんにとって、刺激を受けたり、ライバルと思ったりするような、意識している方はいますか？

それはいないです。人の考えはそれぞれ違います。それは比べるものではないし、「自分はこうしたい」ということを、みんなそれぞれ思っているだろうし。それを強要するものでもないし。ただ、素敵だと思う人はいます。見習いたいところがある人もいます。そういう考え方ができるのはすごいな、とか。

――井上さんご自身の譲れない信念はありますか？

あるんでしょうね、きっと……恥ずかしくて言えないですけど（笑）。

――では、声優という仕事を長く続ける秘訣はありますか？

僕はデビューしたときから5年先、10年先にはこういう役をやりたいという目標をずっと持っていました。そういうことを思っていると、自分のアンテナにいろいろ引っかかるようになります。それがあるから、ある程度年を取ったときに「そろそろできるんじゃないの？」といきなり振られても、できるんです。役を振られてから慌てるのは、受け身だからですよね。受け身にならないためには、前もって自分の中で育てていかなければいけないんです。

――若い頃の自分に何かひとこと言うとしたら、なんと言いますか？

もっと頑張りなさい、と（笑）。

――（笑）。

若い頃の自分も、その当時の自分なりには頑張ってはいたのですが。でも、多分10年後の自分が今の僕を見たら「もっと頑張りなさい」と言うと思います。頑張れ、という言い方はちょっと良くないかもしれませんが、お芝居というのは究極の遊びです。そこでは、いかに心をたくさん遊ばせることができるか、その発想の自由さが試されています。常識にとらわれるのではなく、それをいかにぶっ壊して自由に発想できるかということを試されているのが、声優という仕事だと思います。

千葉繁

主役は大っ嫌い

ちば・しげる

81プロデュース所属。スタントマン、劇団東芸などを経て、1976年の**『ドカベン』**で声優デビュー。主な出演作に**『うる星やつら』**（メガネ）、**『ハイスクール！ 奇面組』**（一堂零《いちどうれい》）、**『ゲゲゲの鬼太郎』**（第4期、ねずみ男）、**『幽☆遊☆白書』**（桑原和真《かずま》）、**『みどりのマキバオー』**（チュウ兵衛）、**『平成天才バカボン』**（本官さん、レレレのおじさん）などがある。近年は**『オーバーロード』**（セバス・チャン）、**『3月のライオン』**（川本相米二《そめじ》）などで活躍中。

『Febri』Vol．48（2018年4月）掲載

アドリブを入れる理由

――『ポプテピピック』（'18 青木純、梅木葵シリーズディレクター）の第2話に出演していましたね。

ああいう瞬発力勝負の作品は好きですね。もちろん、ドラマの中で表現していく面白さもありますが、あまり表情がないキャラクターなので、役者としては逆にいろいろなものが持ち込めるタイプの作品でした。きっと子供にもウケると思うんです。子供たちって頭で考えずに直感で反応しますよね。そういう意味でも、こういう作品が今後も出てきてほしいなと思いました。……実は『ポプテピピック』みたいな企画を30年前ぐらいに考えて、いろいろなところに提出したことがあるんです。でも、その当時は「ちょっと難しい」と言われて蹴られてしまったんですけど。提案するのが少し早かったですね（笑）。

――アイキャッチのタイトルコールはいろいろな種類がありました。

あれは「この秒数の中で10パターンくらいください」と言われて録りました。それこそ瞬発力ですよね。ディレクションもほぼ入らなかったので、役者の引き出しが問われるところもあって「よしやってやろう」という闘志も湧いてきました。

――千葉さんで瞬発力というと、カナダ制作の『ビーストウォーズ 超生命体トランスフォーマー』（'96）を吹き替えした時のアドリブの印象も強いです。

『ビーストウォーズ』は特殊な企画で、もともとテレビ放送を想定していないと聞いていました。それが結局テレビ放送をすることになったのですが、子供向けにしてはキャラクターが怖いし、内容も暗いし、小難しいし、だから自分の中では「これは逆に楽しくやったほうがいいだろう」という気持ちがありました。なので、僕が演じたメガトロンも、最初は少し抑えた演技をしていたのですが、徐々に小学

校のガキ大将のように、威張っているけどすっとぼけているような感じにしていったんです。
　そうしたら、音響監督の岩浪美和《いわなみよしかず》さんが「千葉さん、これからもちょっとずつキャラクターを崩していってよ」って（笑）。いきなり崩すと上の人たちに怒られるだろうし、正義の味方がイメージを壊すのはよくないので、悪の側からじわじわと壊していったんです。そうやっているうちに、調整室に座っている関係者も大笑いし始めて。「あ、この線だな」と。そこからアドリブ全開で、どんどん壊していきました。でも、あんな静かなアフレコスタジオはなかったです。だって、みんな一生懸命テスト用と本番用のギャグを考えているんですよ。次の人が笑ったら「俺の勝ち」って（笑）。やっぱり作っている場が楽しくないとね。見ている側にも、そういった空気は伝わるわけですから。

――千葉さんは、実写からキャリアをスタートしていますが、その頃からアドリブをやっていたのでしょうか?

　実写の世界って結構アドリブを入れるんですよ。もちろん、決められた台詞は言うのですが、カットがかかるまでアドリブでもたせることも多いんです、だから、アニメの仕事を始めたときも、せっかく新しい世界なのだから実験としてやってみようかと。声の世界に入ってみると、台本通りきちっとやっていることが多くて。生意気な言い方ですが、僕がずっとやってきたことからすると気持ち良くなかったんです。それで「もうちょっと何かないのかな」と思いつつ、アドリブを入れてみました。そうしたら、先輩たちから「台本に書いてないことをしゃべるんじゃない!」と怒られたりしてね。でも「関係ねぇや、どうせずっとこの場にいるわけじゃないんだから」と思ってやり続けていたら、音響監督の斯波《しば》（重治《しげはる》）さんがすごく面白がってくれて。こっそり「千葉ちゃん、もっとやって。面白かったら絵を変えるから」と言ってくださって。

――そうだったのですね。

よく「アドリブ」という言葉が出るのですが、別にアドリブを入れるためにアドリブを入れているわけじゃないんですよ。自分が担当するキャラクターがそのシチュエーションに置かれたときに「多分こんなことを言っちゃうんじゃないの？　台本とは変えたほうが気持ちをしっかり伝えられるんじゃないの？」と思った結果、やるものなんです。もちろん、それを最終的にジャッジするのは監督や音響監督ですが、役者はその材料をいろいろと提示する必要があります。だから、ただ面白おかしいことを言うだけならそれはドラマを壊してしまうだけなので、言わないほうがいいと思うんです。

――広川太一郎さん（『宇宙戦艦ヤマト』古代守など）も「アドリブではなく計算なんだ」という趣旨のことをおっしゃっていましたね。

広川さんの台本なんて真っ黒でしたからね。ありとあらゆることを考えて台本に書き込んで、そこから最適なものを選んでいました。その代わり、１回言ったことは二度と言わないんです。なぜなら、同じことをやるとなぞることになってしまうので、演者側のマインドの鮮度が落ちて、ギャグや言葉が死んでしまうんです。それは記号として発しているだけになってしまうので、その場でキャラクターとキャラクターがぶつかるということにはならないですよね。

スタントマンからロマンポルノへ

――そもそもお芝居に興味を持ったのはいつ頃だったのでしょうか？

中学校を卒業してすぐに、ひとりで東京に飛び出して来ちゃったんですよ。それで、その頃一緒に働いていた人が「歌手になるためのオーディションがあるからついてきてくれ」と言うので、渋々ついて

いったんです。そうしたら、審査員が俳優の千葉真一さん、藤巻潤さん、成田三樹夫《みきお》さん、東《あずま》千代之介さん、作曲家の鈴木邦彦さんと錚々たるメンバーで。「すげぇ〜」と思って外で待って見ていたら、成田三樹夫さんが通りすがりに「せっかくだから君も受けなよ」と僕に言ってきて。それで試しに出てみたら受かってしまって、養成所に通い始めたんです。結局、そこはすぐに辞めてしまうのですが。

——どうしてですか？

僕は授業料を全然払っていなかったのですが、その理由を確認したら「君は特待生扱いで、これから売り出すグループに入っているから授業料免除なんだよ」と言われて。それで頭にきたんです(笑)。「あんな1回のオーディションで何がわかるんだ」と。ただ、演技そのものには楽しさを感じていたので、現場に入ろうと考えていたところ、ドラマの「スタントマン募集」の求人を見つけてすぐに応募したんです。僕は体操部のキャプテンだったので、多分できるだろうと。それで殺陣《たて》で殺される毎日が始まりました(笑)。

——そういう経緯でスタントマンをやっていたのですね。

はい。背格好が似ているということで、梶芽衣子《めいこ》さんや田坂都さんなどの女優さん専門で、危険なシーンの代役をやっていました。給料はひと月6千円だったので、3日に一度しかご飯を食べていませんでしたね。でも、周りを含めてみんな暗くなかったです。夢にあふれていてね。けれども、お金はなかったので、ロケのときはロケ弁が出るからうれしかった(笑)。そのときにお会いした杉良太郎さんがすごく優しい方で、お寿司とかを差し入れてくれるんですよ。しかも粋な渡し方をしてくれて。こんな大きな桶の寿司を付き人に持たせてやってきて、その付き人を指して「このバカが、こんなでかいもん頼みやがってさ。ひとりで食えないから、悪いんだけど食ってくれない？」なんて言ってね。こちらにす

ごく気を遣ってくれて。

――それは、確かに粋ですね。

たまに役をもらったときも、合間に杉さんが「違う違う、そこは動きすぎだ」なんて小声で教えてくれるんです。当時、僕はカメラのレンズの違いを意識していなかった。望遠で寄り（アップ）を撮っているときは動きすぎないほうがいいし、広角で全体を見せているときは画面いっぱい使って動いたほうがいい。そういうことを、ひとことでさりげなく教えてくれる方でした。そうやって仕事をしながら、みんな田舎から米を送ってもらったり、誰かが撮影に呼ばれれば、仲間の分までロケ弁をもらって帰ってきたり。電車賃がないから撮影所まで歩いていくのですが、そこでヤギが放牧されていて。ヤギって青草を美味しそうに食べるじゃないですか。3日間何も食べていなかったので、「ヤギがこんなに美味しそうに食べているんだから、人間でもいけるんじゃないか」と思って朝露に濡れた青草を食べたことがありました。まぁ、まずくて。あのときほどヤギが羨ましかったことはなかったですね（笑）。それでも、仲間とは芝居の話ばかりしていました。

――そうだったのですか。そのあと、スタントマンは辞めていますね。

僕が所属していた湯浅剣睦会は、アクション専門のプロダクションだったのですが「スタントマンだけだと将来的に苦しいから、ちゃんと役者を目指せ」という方針で、劇団東芸や文学座の先生による演技のレッスンがありました。当時、僕自身はもう一度演技の勉強をちゃんとやりたいという気持ちになっていたので、スタントマンを辞めて劇団東芸の最後の研究生になったんです。そこで僕は、水沢摩耶さんという人の弟子になりました。劇団東芸は、声の世界だと森山周一郎さん（『紅の豚』ポルコ・ロッソなど）や野沢雅子さん（『ドラゴンボール』孫悟空など）が大先輩にいる劇団です。そこで新劇の舞台を長くやり

ました。そして、ここで徹底的に貧乏になりました（笑）。

――スタントマン時代よりも苦しかったのですね。

はい、お国から表彰状をもらえるくらいに（笑）。そうこうしているうちに劇団の先輩から「新しいプロダクションを作るから、千葉くんも来ない？」と誘われて、そこでテレビの仕事をするようになるんです。

――どんな番組に出演したのでしょうか？

再現ドラマが多かったです。多いときには週4本ぐらい。実際に起きた事件を扱った再現ドラマに出演して、主に犯人役をやっていました。これは有名な俳優だとダメなので、売れていないことが条件だったんです。当時、銭湯に行こうと歩いていたら、知らないおばあちゃんがすごい顔で「あんた、今なら間に合うから自首しなさい。自首するのと、捕まるのは罪の重さが違うのよ」なんて勘違いされて言われたこともありました（笑）。

――それほどたくさん出演していたんですね。当時、おいくつぐらいですか？

20代です。そうやっていろいろな芝居をするようになると、芝居の奥深さがわかってきて、「常識にとらわれていたらダメだ、全部剝ぎ取って裸にして考えないと……」と思うようになったんです。そこで「ポルノだ！」となって……裸の意味が全然違いますけれど（笑）。でも、それぐらいインパクトがないと自分は変われないと思ったんです。それでマネージャーに「日活ロマンポルノに出たい」と相談をしました。マネージャーからは「一度そういうことをやると変なイメージがついてしまう可能性がある」と言われて反対されたのですが、当時は風間杜夫さんとかも、ロマンポルノと並行してテレビドラマにも出演していたんですよ。それで日活に連れて行ってもらったんです。

――メジャー映画会社のひとつだった日活が経営難に陥って、１９７１年から始めた成人映画路線が「日活ロマンポルノ」でしたよね。

日活にはそれまでアクション映画などを手がけられていた西村昭五郎さんなど錚々たる監督がいらっしゃいました。いわゆるAV的なものではなくて、人間の深層心理を表現した作品が多くて、その話の流れの中で裸のシーンが出てくるというような感じでした。喜劇路線と文芸路線のふたつがあって、僕が出た2作は喜劇路線でした。そこで出会ったのが、ロマンポルノを背負って立つ大女優だった片桐夕子さん。それまで僕は、失礼ですけれども「ロマンポルノに出ている女優さんは何か事情があるのかもしれない」と思っていたんです。でも、片桐さんは本当に素晴らしい、天使のような飾ったところのまったくない方で、とても感銘を受けました。

――どんな方なのでしょうか？

まず、優しい方でした。今でいうソープランドのシーンの撮影があって、スタッフの準備ができるのを裸で待っていたら、片桐さんが「千葉さんごめんなさい、寒いよね。もうちょっと待っていてね」と言って抱きしめてくださったんです。それをきっかけにスタッフさんが気づいてくれて「すみませんでした！」と言って、大きなライトを当てて温めてくれたり、毛布を持ってきてくれたりしました。そして、いざ片桐さんと一緒にお芝居をしたら、それが素晴らしかった。自分の中で固まっていた演技論が何の意味も持たないくらい、それを超えた演技をされるんです。〝生の演技〟と言えばよいのかな。それから自分の演技の仕方が変わりました。そうそう、僕は自分の師匠って3人いるんですよ。

――その３人というのは？

まずピカソ。ピカソは自分のスタイルを守らず、その都度全部捨てて前に進んでいく。それを知った

ときにすごく悩みが晴れたような気がしたんです。それから、僕を劇団東芸に誘ってくれた水沢摩耶さん。母親のように厳しく僕に演技を教えてくれました。そして片桐夕子さんなんです。自分の人生を振り返ると、「このまま進んでいく線もあるだろうけれど、こっちの線もあるよ」と引っ張ってくれる人が必ずいるんです。それはきっと自分がちゃんとあがいていたからこそ出会えたのだと思います。

斯波重治音響監督と押井守監督

――声の仕事は、どういう経緯で始められたのでしょうか？

たまたまテレビで吹き替えされた洋画を見て、「これ、どうなっているのかな」と思ったんです。それでマネージャーに聞いたら「新劇の俳優さんが日本語の声を当てているんですよ」と言うので「もし、そういった声の仕事のオーディションがあったら、やらせてくれない？」と頼みました。そうしたら次の日にもうオーディションがあって、それが『ドカベン』（'76 光延博愛《みつのぶひろよし》監督ほか）でした。オーディションはあまり手応えもなくて「難しい世界だな」と帰宅して悶々としていたら、事務所から「千葉さん、番レギ（番組レギュラー）決まったよ！」と。それで番レギで入ったのですが、そのうちにチームメイトの山岡役を演じていた佐藤輝さんが劇団の地方公演が入って辞めることになったので、僕がやらせてもらえるようになったんです。でも、そのときはこの仕事を主軸にしようとは全然思っていませんでした。

――すると、いつ頃から声の仕事が面白いと思うようになったのでしょうか？

『ニルスのふしぎな旅』（'80 鳥海永行《とりうみひさゆき》チーフディレクター）のグスタを演じてからですね。

――『ニルス』はやんちゃ坊主のニルスが、小さくなってガンの群れと旅をするという物語です。

僕の演じたグスタは、ガンの群れの中のひねくれ者でした。それこそ6割以上がアドリブで、台詞を

かなり書き直していました。そこでは、グスタとコンビのラッセ役を演じていた緒方賢一さん（『名探偵コナン』阿笠《あがさ》博士など）と「緒方さん、このカット、これやりましょうよ」「ええ、いいの？」「いいですよ、やってみましょう」なんて話をして、いろいろとやっていて（笑）。それをやっているうちに、感覚的に実写に近づいたんです。声を当てているという感覚がなくて、自分が映像の中に入り込んだというような感覚になっていきました。それで「アニメーションって、やり方によってはすごく面白くなるな」と感じて。もちろん、そういうことを嫌う方もいらっしゃいます。でも、斯波さんはご自身も俳優出身ですから、面白がってくれたんです。そういう方に出会ったからこそ、今があるんだと思います。もし、出会わなかったら全く違うことをやっていましたね。このときに、演出をやっていた押井（守）さんとも仲良くなりました。

——出演作を振り返ると、『うる星やつら』（'81 押井守チーフディレクター）や『ハイスクール！　奇面組』（'85 福富博監督）など、転機で斯波さんの作品がありますよね。

『うる星やつら』をやる前に、斯波さんと当時の家の近所でたまたま会ったことがありました。聞いたら、斯波さんの実家が近いそうで「ちょっとお茶でもしない？」と言われたので、ついていきました。斯波さんはあまり話さない人なので、しばらく無言で、ちょっと居心地が悪いなぁなんて思っていたら「千葉ちゃん、やるかなぁ……。実は『うる星やつら』という作品をやるんだけど、クラスメートがたくさんいるんだよね。そんな役、やらないよね？」とおっしゃるんです。「いやぁ、斯波さんがそんな風におっしゃってくれるなら、何でもやります」と答えました。だから、僕は最初「生徒A」だったんです。でも、どうせ「生徒A」なんだから、何を言ってもいいんだろうなと思ってブチ込んでいったら、監督の押井さんが気に入っちゃって。それで〝ラム親衛隊隊長〟なんてポジションのメガネというキャ

ラクターになったんです。

——メガネは長台詞も多かったですよね。

押井さんご自身がとにかく饒舌なんです。ラーメンの話で3時間ノンストップで話せますから。とてつもない情報量を持っていて、その代弁者になったのがメガネなんだと思います。ただ、演じるほうはたまったもんじゃないですけれど（笑）。2ページくらい平気でしゃべりますからね。押井さんは当時、アニメを通していろいろな実験をしていました。（原作の）高橋留美子さんの世界から離れてもいいから、押井守の独特の世界観をメガネに託して表現していったというか。僕自身もいろいろな実験をしたかった時期でした。その延長線上に「自分のアニメ手法で実写を撮ったらどうなるんだろう」ということで生まれたのが、実写映画『紅《あか》い眼鏡』（'87）だったんです。そして「そこで得た感覚をアニメーションに持ち込んだらどうなるだろう」ということを繰り返していて。だから、あれ単体で「これでいい」と思っていたわけではないんですよね。

——『紅い眼鏡』は千葉さんのプロモーションビデオ企画から生まれた、押井監督の実写映画第1作ですね。

映画といっても自主映画に毛が生えたようなものですから。メインスタッフはみんなノーギャラで、時間に余裕のある週末に徹夜でヘトヘトになりながら撮っていました。ゲストに『仮面ライダー』の死神博士などで知られる天本英世《あまもとひでよ》さんがいらっしゃって、やはりものすごい存在感でした。でも、そんな天本さんに、ロケバスの中にいるときに「この作品って本当に劇場用の映画なんだよね」と3回聞かれました（笑）。

——現場の様子からなかなかそうとは思えなかったんですね（笑）。2014年からは実写版の

『THE NEXT GENERATION－パトレイバー－』にも顔出しで出演しています。

押井さんの演出方法というのがいい意味で格段に変わっていましたね。『紅い眼鏡』の頃は全カット絵コンテがあって、絵コンテに従って演技をすることが求められていました。だから、台本を読んだ記憶がなくて。これが『THE NEXT GENERATION－パトレイバー－』になると、絵コンテがなくなっていました。役者の大まかな立ち位置だけを決めて、一度役者が監督に芝居を見せるんです。それを見て監督がカット割を決めて、撮影が始まるという形でした。あるとき押井さんに「やっと役者を信用する気になったの？」と言ったら「うん」って（笑）。『紅い眼鏡』の頃は、髪の毛の1本までアニメ的に演出を決めるスタイルだったんです。そうすると計算され尽くしているので、そこにはゆらぎがないわけです。でも、生身の役者がやるときには、そこにゆらぎがないとダメなんですよね。ロボットじゃないから。そういう違いはすごく感じました。

どの役も本質的には自分

――一方、『奇面組』の一堂零《いちどうれい》は数少ない主役ですが、これはどういう経緯で決まったのでしょうか？

最初『奇面組』はオーディションを断りました。僕は主役が大っ嫌いだったんです。それで「主役だったらやらない」と言って、マネージャーからは「主役でと言ってくれているんだからやりなさいよ」と怒られたりもしました。それで「何の役ならいいの？」と聞かれたので、「冷越豪《れいえつごう》なら受ける」と。それでオーディションは冷越豪役で受けたのですが、数日後「レギュラーに決まりました、一堂零です」って。主役はやらないって言ったのに（笑）！

――（笑）。

それで「リーダーは一堂零だけど、奇面組が主役なんだから、みんな揃って主役なんですよ」とうまいことを言われて、結局やることになりました。

――一堂零のあのテンションの高さは千葉さん以外考えられません。

そんなことはないですよ。ただ、斯波さんが『めぞん一刻』（'86 やまざきかずお監督ほか）だったりいろいろな作品で使ってくださったことで、役者としての引き出しをいろいろと使うことができました。斯波さんの演出だったらノーギャラでもいいという役者は、山のようにいるわけですからね。ありがたいことでした。

――千葉さんは、キャラクターとの距離感をどのようにつかんでいるのでしょうか？

これは演技論のひとつなのですが、役に自分が寄るシステムと、自分に役を引きつけるシステム、ふたつの演技システムがあるんです。僕はいつも後者で演技をやっています。こうなると見た目のキャラクターが違うだけで、どの役も本質的には自分なんです。

――ああ、そういう意味で実写に出演するのと同じ感覚なのですね。

全く同じですね。僕は自分のことを声優だと思っていないんですよ。「声優」と呼ばれるのは構わないのですが、僕の中ではあくまでも役者であって、声だけに限定しているわけではないんです。舞台を多くやっている方は、内面の分析をして役に寄っていくアプローチをとる方が多いように思います。僕は映画論法に近いので、自分がキャラクターの状態になったらどうなるんだろう、というところからスタートする演技法なんです。だからよく「どんな役作りをしましたか？」と聞かれますが、役作りなんてしたことがないんです。僕の中にあるものの一部を強調して外に出しているだけなので。

人間はその内面にいろいろ持っていて、特殊な人間にしかないものなんていうのは、そうそうありません。例えば、罪を犯すのは特別な人間だけというわけではないんです。ある状況に陥れば僕だって人を殺す場合があるでしょうし、それはみんなも同じだろうと思います。そういう感情・感覚はみんな持っているということです。だから、自分が演じるキャラクターが人を殺すのであれば、自分の中のそういう部分を拡大していって使うんです。

――80年代半ばだと『北斗の拳』（'86　芦田豊雄シリーズディレクター）のナレーションも多くの人の記憶に残っています。

あの頃は特に忙しかったんですよ。確か木曜日だったと思うのですが、10時〜14時で『魔法のスターマジカルエミ』を録って、駅前で立ち食いそばを食べてからタバックに移動して、今度は『北斗の拳』の収録。それが終わると、四谷で立ち食いそばを食べてからニュージャパンスタジオで『奇面組』の収録という感じでした、1日で3本録っていたんです。しかも『北斗の拳』のあとに『奇面組』という……。今考えると体力があったんだなと思います。『奇面組』はひとりひとりがみんな〝役者〟として経験を積んでいて、芝居が〝ハマる〟感覚のある現場でしたし、『北斗の拳』も、こっちはこっちでみんな闘っている感じで録っていましたね。

――『北斗の拳』のナレーションは、どういう経緯であのスタイルになったのでしょうか？

『北斗の拳』はオーディションではなく、レギュラーとして依頼があって決まりました。それで、たまたま「予告のナレーションをやって」と言われてやることになったんです。自分としては、なにしろ主役ってあまり好きではないですから（笑）、ああいう殺伐とした世界でバンバン人を殺していく主人公よりも、生活のためにモヒカンになってまで威嚇して生きて、結局「ひでぶっ！」と死ななくちゃならな

い雑魚キャラのほうが格好いいなと。それで、そういう雑魚が持っている虚しさや怒りを出したほうがいいんじゃないかと思ったんです。

それがテンションがだんだん上がっていって、ナレーションも雑魚たちの魂の叫びみたいになっちゃいました。皆さんが面白がっていろいろ取り上げてくださるのですが、もともとはそういうつもりじゃなかったんです。こういうのは理詰めじゃなくて全部直感ですね。片桐さんと出会って以来、理詰めで攻めることをやめたので。それが結局、自分で自分の首を締めるパターンも多いのですが。最近だと『ONE PIECE』（'99　宇田鋼之介シリーズディレクターほか）のバギーが、メチャクチャ吠える役で大変です（笑）。

——あのバギーのテンションの、お芝居のヒントになったのは何ですか？

やっぱり、絵柄です。僕は先入観がついてしまうのがいやで、原作は一切読まないので、最初に設定を見た印象で決めています。バギーはあそこまで頑張らなくても良かったのかなと思うときもあるのですが、あれだけテンションが高いことで、見てくれている子供たちの心の奥に、スポーンと手を突っ込めるのかなという気はするんです。もちろん、解釈として普通に演じるという選択肢もあると思います。でも、役者のタチとしてやっちゃうんですよ。それであとで後悔するんです。あれを1回やっちゃうと、ずっとあのテンションじゃないですか。家に帰って、「またやっちゃったよ……」と（笑）。

——後悔しても、直感を信じて演じたほうがいいということですね。

僕らが「自分がどういう風にキャラクターを理解していて、こんな風に演じたいんです」ということをプレゼンテーションできるタイミングって、1回しかないんです。それがテストのときです。相手がどう来るかわからないところで、みんなで声を出してテストをして、その一発勝負でだいたい決まっちゃうんです。だから、僕はテストのときから本気でいきます。声帯を痛めちゃうから、テストは控えめ

でという考えもあるのですが、テストで抑えて本番でパーンと出すと、ミキサーさんがフェーダーを動かすのが間に合わなかったりしますよね。これは共演者も同じで、テストのときは腑抜けた感じだったのに、本番で全然違う声になったら、相手も困っちゃうじゃないですか。

——それはありますね。『少年ジャンプ』原作作品というと『幽☆遊☆白書』（'92　阿部紀之《のりゆき》監督）の桑原和真《かずま》も印象に残るキャラクターです。

桑原は女々しいところやコミカルなところもあるのだけれど、雪菜さんのためには命を懸けてもいいんだという男気もあるし、すごく魅力的なキャラクターでしたよね。あの頃はキャラクターソングも歌ったりしていたので、イベントが多かったんです。『うる星やつら』の頃はイベント会場に行くと汗臭かったんですよ。野郎どもの熱気ですよね。会場を見ると9割が男性。その10年後にやった『幽☆遊☆白書』のイベントでは、舞台袖にいるとお化粧の香りがするんです（笑）。蔵馬《くらま》や飛影《ひえい》に女性ファンが多かったので、会場の空気が全然違いました。この差はなんだか面白かったです。

雑魚にも背景を考える

——1989年のOVA『御先祖様万々歳！』（押井守監督）から音響監督も手がけています。

僕はバーストマンという劇団を16年やっていました。脚本を書いて、演出もして。舞台の演出は3次元だけど、それが2次元になったらどうなるんだろうという興味が生まれてきたんです。『御先祖様万々歳！』のときは押井さんが監督で舞台劇みたいなアニメだったから、そのままやった感じでしたが、本格的にやることになったのは1990年のOVA『デビルマン　妖鳥死麗濡《シレーヌ》編』（飯田つとむ監督）ですね。

その頃、僕は役者としてやりたいことはだいたいやった感じになっていたので、斯波さんがいるオム

ニバスプロモーションを訪ねて、「僕は役者を辞めるからオムニバスに入れてください」と言ったんです。そうしたら斯波さんに「なんでそんなことを言い出すんだ！」と言われて。「音響監督をやってみたいのですが」と言ったら、「音響監督はやらせるから役者を辞めちゃダメだ！」とすごく説得されました。それで、3日後くらいに『デビルマン 妖鳥死麗濡編』の絵コンテが届いたんです。これは、最初は斯波さんと連名だったのですが、途中からひとりでやるようになりました。テレビは『楽しいムーミン一家 冒険日記』（'91 神田武幸監督）で初めて音響監督をやりました。

――音響監督をやってみていかがでしたか？

2次元という環境で奥行きを出すために必要なものは何かとか、そこで一番必要な音は何なのか、ということについてすごく勉強になりました。今までやってきた舞台作りで培ったことを、今度はアニメを使って2次元の世界でどう生かしていくかという実験でした。そういう意味で面白かったのはドラマCDの仕事ですね。僕のドラマCDって特殊で、収録スタジオで実際に役者を動かしながら録っていくんです。脚本ができたら舞台になる位置の見取り図を書いて、スタジオの中でそれに従って動きながら芝居してもらうんです。そうすると、お客さんは客席の一番うしろで、ドラマCDの舞台空間を見ている感覚になるんです。これも実験を重ねて、うまいミキサーさんと3本のマイクがあれば、かなりいい感じで録れることがわかりました。

――役者出身の音響監督としてのメリットはどこにありますか？

役者の気持ちがよくわかるところでしょうね。例えば、新人さんは現場で緊張していますよね。僕はブースに入っていったら、馬鹿をやって、騒がせて、リラックスさせて「僕の現場ではトチることは全然気にしなくていいから。だから、まずはやりたいことをやってみな」と言います。昔の新劇の演出家

とか映画監督は本当に偉そうで、役者をいじめればいいものが出てくる、というスタイルが多かったんです。でも、罵声を浴びせられていい気持ちにはならないですよね。だから、まず褒める。「いいじゃん！　いいよ！　でも、そこまでやるんだったらこんなことをやってみない？」みたいに誘導していくんです。それは舞台をやっているときもずっとそうでした。斯波さんもそういうタイプの演出家で、まず褒めるんです。「いいねー。千葉ちゃんいいよー。でも、こんなことも考えられるじゃん？　一応そこも考えておいてよ」と。そんな言い方をする方だから、斯波さんのもとからいろいろな人が育ったんです。せっかく音響監督をやるのなら、やはり斯波さんがやっていたような、そういった環境にできればと考えています。

――ちょっとお話が戻りますが、千葉さんはどうして主役がイヤなのでしょうか？

演じられる幅が狭いんですよね。普通の人はおちゃめなところもあれば、気弱なところもあるし、正義感も持っていたりする。脇役とか悪役はそういう部分も出せるんです。でも、二枚目の主人公は、まんじゅうも食べない、トイレにも行かないという感じで、それはつまらないよなと。だから『北斗の拳』も雑魚に肩入れしたくなるんです。……そう言えば、昨日もある番組で、『北斗の拳』の断末魔をみんなに演じてもらったんです。それで「レバニラ炒め」を「レバ」「ニラ」「イタメ」に分けて言ってもらいました。

――「レバニラ炒め」ですか。

言葉だけとると、ふざけているようにも聞こえるじゃないですか。そこでヒントとして言ったのは「このレバは『こんな組織に入っていなければ、こんな死に方をしないですんだのに』の、〝れば〟の部分しか声にならなかったんだ」ということです。意味がないように見える言葉でも、そこにどんな背景

をつけるかは、役者ひとりひとりが考えることですから。生活のために雑魚になっていた名もないキャラとはいえ、この世に生きていた証としての最後の言葉なので、そこは役者がしっかり考えなければいけない。それが役者の役割なんだと思います。

宮本充

「つかめた」と思ったらそこで終わり

みやもと・みつる

劇団昴所属。文学座を経て、劇団昴に所属。**『マイ・サイエンス・プロジェクト』**（'85）で吹き替えデビュー。1994年の**『ライオン・キング』**では主人公シンバ（青年）を吹き替えている。アニメは**『H2』**（'95）の橘英雄で初レギュラーとなる。その他の主なアニメの出演作に**『こちら葛飾区亀有公園前派出所』**（中川圭一）、**『THE ビッグオー』**（ロジャー・スミス）、**『Z.O.E Dolores,i』**（レオン・リンクス）、**『陽だまりの樹』**（伊武谷《いぶや》万次郎）、**『宇宙戦艦ヤマト2199』**（古代守）、**『血界戦線 &BEYOND』**（スティーブン・A・スターフェイズ）、**『ドリフターズ』**（紫）、**『僕だけがいない街』**（八代《やしろ》学）などがある。

『Febri』Vol．47（2018年2月）掲載

『血界戦線 &BEYOND』スティーブン

――まず、『血界戦線 &BEYOND』（'17 高柳滋仁《しげひと》監督）の第3話「Day In Day Out」のお話から聞かせてください。普段クールなスティーブンが素の気持ちを垣間見せるお芝居はとても印象的でした。

スティーブンというキャラクターは、それまであまりプライベートを出さないキャラクターだったんですよ。ちょっと影があって、何を考えているか表に出さないタイプなんだけれど、今回はその日常生活が描かれて、お手伝いさんまで出てきて。演じていて面白かったですね。

――事件が全て終わったあとのスティーブンの「そうか。俺、はしゃぎすぎてたんだ」という台詞がグッときました。

そうですか。僕は変に考えてしまうところがあって、グッとくる台詞だと「ここはグッとくるぞ」と思って、そういう構えをしながら言ってしまうんですよ。それは僕のいけないクセで、芝居でも「この芝居の中で一番大事な台詞だ」と言われると、そこだけ重く言ってしまって。あの「はしゃぎすぎてたんだ」という台詞も、「友達ができたと思っていたけど、結局彼らも悪人で……」という、いろいろなものを背負いながら言う台詞だったので、そういうつもりで演じたんです。そうしたら、音響監督の明田川仁《たがわじん》さんに「もっとサラッとやって」と言われまして（笑）。そう言われると一度は「サラッとでいいのかな？」と驚くのですが、考えてみれば、現実世界でもつらいときほどサラッと言ったりしますよね。なので、オンエアを見たときは「なるほど」と思いました。

――ディレクションに応える形での演技だったのですね。スティーブンはオーディションだったの

でしょうか？

いえ、前シリーズ(15)の監督だった(松本)理恵さんが僕を呼んでくださったんです。僕はまったくスティーブンのような性格ではないのですが、業界のいろいろな方に「宮本さんはスティーブンにぴったりだよね」と言われます。ありがたいことにスティーブンを演じたことで、またアニメの仕事が増えてきたんです。

――以前の宮本さんのインタビュー記事を見ると、スティーブンを演じるにあたっては「艶がある感じで」というオーダーがあったと書かれていました。

艶は……どうですかね？(笑)　もちろん、いただいたオーダーは意識します。自分の素の声だけでぴったりというのはつまらないでしょうし、自分の中で考えて演技をして役柄を作っていくところがあったほうがいいと思うので。

――『血界戦線』は前シリーズと今回でスタッフが変わっていますが、そこで何か変わったところはありますか？

高柳滋仁監督になってから変わったのは収録時間の長さですね。松本理恵監督のときは長めで、毎回6時間くらいかけて収録していました。多くの現場で監督とは別に音響監督さんが立っているわけですが、そうなっている理由のひとつは、音響監督が「役者にうまく伝える言語」を持っているからだと思うんです。理恵さんは音響監督も兼ねられていたのですが、理恵さんの言葉はアーティストの言葉なんですよね。あとでご本人に聞いたら、「私は台詞を全体的に音楽のように捉えているところがある」というお話で「具体的にこの音はもっと高くとか低くとかそういうイメージがあった」と説明してくださって。僕としてはそれを聞いて「そういうことだったのか」といろいろ納得がいきました。

ただ、そういう前シリーズの収録がつらかったかというと決してそんなことはないんですよ。それはそれで楽しかったです。今シリーズのように阿吽《あうん》の呼吸でやるのももちろんいいのですが、現場で「どういうことだろう?」と最後まで試行錯誤して、オンエアを見たときに「あ、わかった」となるのは、役者にとって非常に面白い作業のうちのひとつです。

北大から文学座、洋物の昴へ

――キャリアを拝見すると、初めての吹き替えが27歳の年、アニメのお仕事も30代後半になってからで、声のお仕事を始めたのは決して早くないですよね。

そうですね。僕が吹き替えの仕事を始めた頃は、声の仕事をやっていた劇団はテアトル・エコーさんか、うち（劇団昴）ぐらいだったんじゃないかと思います。昴には久米明さん（ハンフリー・ボガートの吹き替えなど）や小池朝雄さん（『刑事コロンボ』コロンボなど）をはじめ、声の仕事をやっている方が大勢いらっしゃいました。僕は長らく役者だけでは食えなくてアルバイトをしていて、いつまでも役者で食べられないことを恥ずかしく思っていました。それで、何とか芝居で食えるようになりたくて、安いカセットテープレコーダーで自らボイスサンプルを録って、「声の仕事がしたい」とマネージャーに相談したんです。テープそのものは使い物にならないくらい雑な録音だったのですが、マネージャーがそのやる気を買ってくれて、いろいろなオーディションを受けさせてくれるようになりました。そこからですね、少しずつ声のお仕事をもらえるようになったのは。

――声の仕事を始めて変わったことはありましたか?

声の仕事を始めたことで、いろいろな役をたくさん演じることになりました。それが大きかったです。

舞台だと4カ月ぐらいかけてひとつの芝居を作るので、1年に演じられるのはせいぜい3役ぐらいです。それが声の仕事になると、兼ね役（出演作で担当役以外の役を演じること）を合わせれば年間に100役以上演じることになるんですよ。そんな中で音響監督さんに怒られながらやっていくうちに、ヘタだった自分の中に演技の神経が通っていって。相手の台詞を聞くことだとか、登場人物の思いを汲み取ることを、声の仕事を通じて覚えることができました。だから、それ以前の舞台の台本の書き込みを見ると「なんてバカな、浅はかな役作りをしているんだろう」と思って、すごく落ち込みます。声の仕事をいただいたことで、新しい引き出しが増えて、自分はそこで成長できたのだと思います。

——そもそもどうしてお芝居をやろうと思ったのですか？

それを話すと結構長くなるのですが……（笑）。もともと僕はすごく神経質だったんです。そんな性格のまま、大学受験では地元の大学を目指しました。そうしたら母が「あんたは神経質なのに、こんなゴミゴミした大阪の大学に行って、そのまま大阪で就職するのはつまらんやろ。大学のときだけでもいいから北海道とか自然のあるところに行ったらどうや」と言ってきたんです。それで僕も「そうかな」と思って北海道大学を受験しました。合格後も、母の進めるままに寮に入ったのですが、そこがものすごく汚くてバンカラな寮で。

——昔ながらの学生寮ですね。

入寮のためには寮の先輩による面接があるのですが、そこでそれぞれ違った課題が出されるんですよ。僕は、南寮と呼ばれる一番悪い連中が集まっている棟でひと部屋ずつ挨拶してくるという課題を出されました。「挨拶するだけだからラッキーやな」と思っていたのですが、そこでは結局ひと部屋ごとにお酒を飲まされまして。4部屋くらい回ったところで、気がついたらトイレで大量に吐いていて、数日寝

込みました（苦笑）。寮に入ったあとも、部屋には猫や犬が行ったり来たりするし、夜中に起こされて褌《ふんどし》で廊下に並ばされたり、酔った先輩が後輩たちを起こして踊ったりと、いろいろありました（笑）。でも、そんな寮のおかげで、僕は神経質なんて言っていられなくなって。そして、その寮の友達から札幌の演劇鑑賞会に誘われたんです。

――演劇鑑賞会ですか。

はい、月会費を払って年に7本くらい東京のお芝居を見る会なのですが、そこに参加するには3人グループでないと入れないという規定があったんです。それで友達に「お前も入ってくれないか」と言われたので、誘われるままに入ったのですが、そこで生まれて初めてお芝居を見てみたら、とっても面白くて。そこでは原康義《はらやすよし》さんや斎藤志郎さんという文学座の方々が出ていたんですよね。

――その頃見た演目は何だったのでしょうか？

文学座だと『ショートアイズ』ですね。このタイトルは児童暴行者を意味するスラングで、児童暴行は刑務所の中で一番軽蔑される犯罪なんだそうです。主人公は幼女を犯したという罪を着せられた未決囚で、刑務所に一時的に入ることになるのですが、そこで「あいつは最低なやつだ」と決めつけられ、最後は殺されてしまう、という内容でした。文学座だとそれ以外にも『ふるあめりかに袖はぬらさじ』を覚えています。

オンシアター自由劇場の『上海バンスキング』も感動しましたね。『上海バンスキング』は出演者がジャズを演奏するお芝居なのですが、お芝居が終わって出てくると、ロビーで出演者が演奏と歌でお客さんをお見送りしてくれるんです。それも含めて、ものすごく素敵でした。今もテレビや映画でよく拝見する笹野高史《たかし》さんがトランペットを吹いていらっしゃって、それが格好よくて僕も憧れてトランペッ

トを買ってしまいました。全然音が出ませんでしたが（笑）。そんな具合で、こんな面白い世界があるんだ、こんな面白いことをやってお給料をもらえたらいい商売だな、と思うようになったんです。それで就職するのをやめて、母に内緒で文学座を受けました。

――北大に進学したことで人生の歯車が変わったんですね。

そうです。母に言われなかったら北海道にも寮にも行ってないし、寮の友達が誘ってくれなかったら芝居に興味も持たなかったでしょうね。文学座に受かって報告したとき、意外にも母は賛成してくれました。ただ、文学座は1年後に査定で落とされてしまったんです。それで文学座の友人が劇団昴を紹介してくれました。僕には洋物の雰囲気があるから、洋物の作品が多い昴でなら、いろいろな役がもらえるだろうということでした。このときに昴に行かなければ、僕はそのまま挫折していたと思います。このどれかひとつが欠けていても僕はここにいませんね。

洋画がきっかけでアニメに

――そういう経緯があったのですね。アニメのキャリアを少し振り返りたいのですが、1993年に『コボちゃん』（鳥居宥之《ひろゆき》総監督ほか）、『幽☆遊☆白書』（阿部紀之監督）に出演しています。

どちらもゲスト出演でしたが、覚えています。とっても緊張しました。アニメは外画《がいが》（外国製の映画・ドラマの総称）と違って声がなくて、画面にマーク（ボールド）が出ている間にしゃべるわけですが、それが難しかった。外画では原音を頼りに長さを調節したり、相手の役者さんのトーンを聞くことで「ここはこういう気持ちなんだな」と、ある程度理解できるのですが、アニメではそこに何のよりどころもないんですよ。シーンとした中で演じるのも緊張しました。しかも、アニメはアクションになるとパパ

パって、びっくりするくらいカット割りが早いんです。そこについていけなくて、戸惑うというか苦しかったのを覚えています。場違いなところに来ているなと思いました。

――そして、翌々年の『Ｈ２』（'95　うえだひでひと監督）の橘英雄役は初めての大きい役になります。高校生役ですね。

当時は高校生なんか絶対にできないと思いました（笑）。でも、今思うとああいう真面目で凛々しい男というのは、洋画では演じていたんですよね。だから、トムとかメリーとか言わないだけで、そこは同じ感じでやると考えれば、そんなに構える必要もなかったのかなと、今になって思います。

――初レギュラーというのは緊張するものですか？

緊張しました。実は初回の録音の前日に、先輩の引っ越しを手伝っていたんですよ。それが終わって先輩の家で飲んでいたのですが、「明日初めてのアニメのレギュラーの仕事があるのでこのへんで飲むのをやめておきます」と言うと、「そんなの関係ないだろ」と迫られて（笑）。あまりに飲め飲め誘われるので、無理やり部屋に閉じこもって、ふすまにつっかえ棒までして寝た記憶があります（笑）。で、次の日現場に行ったら、国見比呂《くにみひろ》役の古本新之輔さんが他の仕事で叫んで声を潰してしまっていたんですよ。それでも、総合プロデューサーだったＡＢＣ（朝日放送）の藤田（高一郎）さんが「大丈夫だよ！」とおっしゃっていて、その雰囲気で気持ちが少し楽になりました。

あと、驚いたのは取材ですね。番組スタートにあたって、いろいろな媒体の取材があって、写真もものすごく撮られました。それから、歌も歌って。『Ｈ２』の前に『ライオン・キング』の吹き替えで歌っていたのですが、そうではなくキャラクターソングですからね。アニメってそういう関連商品も含めてアニメなんだ、と。洋画では取材も歌もなかったものですから、びっくりしました。

――翌年は『こちら葛飾区亀有公園前派出所』（'96 やすみ哲夫監督ほか）で、代表作のひとつである、大富豪の御曹司で警官の中川圭一を演じることになります。

音響監督の藤山《ふさのぶ》（房伸）さんは洋画の吹き替えでご一緒していて、それでアニメでも「こいつを使ってみよう」と呼んでくださったんだと思います。同じ年の『赤ちゃんと僕』（'96 大森貴弘監督／父親役）も藤山さんでした。僕は、洋画がきっかけでアニメに呼ばれることが多いんです。『THE ビッグオー』（'99 片山一良監督）のロジャー・スミスも、スタッフの方が吹き替えをやっている人から選びたいと考えていたそうで、僕が吹き替えたトム・クルーズの『ザ・ファーム 法律事務所』（'93 シドニー・ポラック監督）をご覧になったらしく。それで声をかけてもらいました。『血界戦線』の松本監督も洋画がお好きで、それで僕をキャスティングしてくださったらしいですし。そのあとの『僕だけがいない街』（'16）の伊藤智彦監督も『血界戦線』のスティーブンと洋画をきっかけに、僕を指名してくれたそうです。

――視聴者として見ていても、宮本さんは〝洋画っぽい雰囲気〟が必要なときにキャスティングされている印象があります。声にいわゆる〝日本人離れ〟した雰囲気があると言いますか。

ああ、これまでそんな風に考えたことはなかったのですが、言われてみるとそうかもしれませんね。僕は実は鼻が悪くて、鼻中隔彎曲症《びちゅうかくわんきょくしょう》なんです。鼻の中には軟骨でできている衝立がありますよね。僕は頭蓋骨の成長が止まったあとも、軟骨のほうが少し成長を続けてしまったらしく、鼻中隔という軟骨が曲がってしまっているんです。大学生の頃に手術をして治そうかなと思ったこともあったのですが、誰かに「悪くいえば鼻声っぽいんだけど、野沢那智《なち》さん（『エースをねらえ！』宗方仁《むなかたじん》など）みたいに甘い雰囲気になっているよね」と言われました。だから、ひょっとしたらそういう〝日本人離れ〟した雰囲気とか、先ほどの「艶」というのは鼻中隔彎曲症のせいかもしれないです（笑）。

自分の中の価値観を変える

――ああ、そういう構造だからこその音色という可能性もあるのですね。『こち亀』は演じていていかがでしたか?

『こち亀』は面白かったです。でも、オーディションのときには何度も録り直しをしました。オーディションは真面目にクールな感じでやっていたのですが「もっと素でやってくれませんか」と言われたんです。だから、結果として中川は普通の僕に一番近い調子で演じています。絵が既に格好いいので、それをなぞるような芝居はしなくていいということなんです。普通の人のいい雰囲気の青年でよかったんです。本田役をやっていた家中《やなか》宏さんに言われたのですが「充が中川の役に合っているのは、お前が人と違ったところがあるからだ。声に曇りがない、軟口蓋《なんこうがい》を広げているような音だからで、これは俺たちにはなかなかできないことなんだ。お前は気づいていないかもしれないけど、それは中川なんかにピッタリなんだよ」と褒めてくださったんです。

――そうなんですね。

でも、褒められたことは意識してしまうとかえっていけないから忘れるようにしているのですが(笑)。中川は、何の苦労もしていない御曹司で、真面目で人が良くて、両津が起こす信じられないような事件に巻き込まれても、決してウェットな感じにならない。きっと家中さんが言っているのはそういうことかなと思いました。あとは家中さんに「吹き替えと違って、アニメの場合は相手の向こう側、距離感を遠くしたほうが合うんだよ」と言われたこともあります。それは結構考えました。

――相手がどれぐらいの距離にいるつもりでしゃべるか、ということですね。

ただ、『こち亀』をやって1年くらい経ったとき、考え込んでしまったときがありました。「最初にオーディションでやったときのように、リアルにやらないといけないんじゃないか」と思ってしまったんです。もっと普通に、普段僕がしゃべるようにやらないとダメなんじゃないかと。僕はそのときに声を張って「先輩、何やってるんですか〜?」と言うのが嘘っぽいような気がしていました。なので、それから1カ月くらいは随分ダメ出しをもらいましたね。そのときに言われたのが「もっと声を出していいから」と。それで、次第にその状況からは抜けていったのですが、だいぶあとになってアニメの場合は逆にそういう〝嘘っぽい〟ことがリアルになることもあるんだなと思いました。家中さんが言っていたことはそういうことなんだなと。

――演技のリアリティとは何かというお話ですね。

少し本題からそれるかもしれませんが、昔、照明さんにこんなことを言われたんです。「舞台の上に花が咲いているでしょ。あれはなぜ本物を使わないかわかる? あれは枯れてしまうからじゃなくて、本物を使うと舞台では綺麗に見えないからなんだよ。偽物のほうが舞台では生き生きして綺麗に見えるんだ。だから、敢えて偽物を使うんだよ」と。今思うと、そういうことなんですよ。本当のリアルとリアリティのある演技は違うところにあるんだなと。確かに舞台でも普通の声でやったからといって、何のリアルにもなりません。千人のお客さんがいる劇場で、普通の声でしゃべったら何も聞こえないわけです。声は張っていても、まるで自分が近くで聞いているかのように、お客さんに錯覚させないといけない。声は出していても、距離感は絶対に合わせる。それが舞台のすごく難しいところで、「ナチュラル」と「リアル」は違うんです。そこを『こち亀』のスランプのあとに実感しました。

ただ、その「リアル」の度合いは作品によって違うので、使い分けが必要です。だから、時には普通

の出し方でもいいわけです。例えば、映画『打ち上げ花火、下から見るか？　横から見るか？』（'17 武内宣之監督）では主人公の友人の父親役だったのですが、あれは本当に普通にやりました。それでOKが出た。だから、全ての作品で声を張ればいいということではないんです。作品によってはぐっと距離感を近くして「そんな声だと、リアルな世界では相手に聞こえていないだろう」というようなお芝居をすることもある。実際、自分が悪役を演じたとき、画面に合わせて10メートルくらい先にいる人に話すつもりで声を張ったところ「もっと抑えて」と言われたこともあります。「そんなに抑えると本来は聞こえないだろうな」と思うけれども、オンエアを見ると、悪い役の渋い雰囲気も残しつつ、ちゃんと届いているように見えている。「ああ、そうなんだ」と思います。本当にいろいろなリアリティがあるんですよね。

――「自然な感じのトーン」というと、『僕だけがいない街』（'16 伊藤智彦監督）の八代《やしろ》も印象的でした。

あれもどちらかと言うとリアルな距離の役ですよね。どこか悪い気持ちを背負いながら、いろいろなことを考えているキャラクターなのですが、最初に言ったように、僕がそこに思いを込めて演じると「もっとサラっとやってください」と言われるんです（笑）。『僕だけがいない街』に関しては、『こち亀』などと違って距離感はすごくリアルにしようと思いました。本当に普通にしゃべっているようにと思って。とは言っても、マイクを舐めるようなボソボソとしたしゃべり方はやめようと。他の人と違って浮いてしまうかもしれないけれども、声の最後に息を乗せないようにして、その上で本当に近い距離感でしゃべっているようにしよう、と。そこをすごく心がけました。なので、第１～２話のオンエアを見たときは「やっぱりちょっと出しすぎたかな、浮いているかな」と心配になったりはしました。でも、音響監督の岩浪美和《いわなみよしかず》さんも何もおっしゃらないから、よかったのかなと思って。

――八代は小学校の先生という普通の顔と、殺人者というふたつの顔があります。

そこで何か変えようという意識はしなかったような気がします。基本的に「自分は人殺しなのを隠してしゃべっている」というのではなくて、本当に「普通の先生」として演じていいんだろうなと考えました。だから、悪そうな言い方はしなくていいだろうと。八代本人は悪いと思っていなくて、むしろ自分が人助けをしているという意識があるのかもしれないわけで。

なので、悪い人間をやるときには、僕は悪いことをしていないつもりでやっているんです。そういうキャラクターは「殺すことが楽しい」とか「それが人のためになる」とか、その人間独自の価値観で動いているので、自分の中の価値観を変えるだけなんです。人の命よりもお金が大事、愛情よりも名声が大事といった風に、価値観のランクを変えるだけで、基本的にその人間が悪いことをやっているというのはあまり意識しないようにしています。そのほうがいろいろなものを乗せないで、シンプルに表現できると思います。『Fate/Apocrypha』（'17　浅井義之監督）の黒のキャスターもそうですね。「自分はいいことをしている、正しいことをやっている、このことが好きだ」という、ただそれだけのシンプルな気持ちで演じています。

――「価値観を変えるだけ」と考えると確かにグッとシンプルになりますね。

昔、ある演出家の方から外国の演出家の本を借りたことがありました。そこに「人はふたつの感情をひとつにして演じることはできない。それをやると嘘になる」と書いてあったんです。例えば、悲しいけど怒っている、というようにふたつを同時にやることはできないというわけです。怒るときには怒る。それを見ることによって、お客さんは悲しみを感じることができる。怒っている人は「私は悲しいけど怒っている」とは思っていないんですよね。だから、シンプルにひとつに絞ったほうがいいと思うんで

す。いろいろなものを乗せてしまうと、おかしな人間になってしまうような気がします。

「いまだによくわからないんだよ」

——宮本さんの悪役というと『フラクタル』（'11 山本寛監督）のバローも印象的です。ヒロインの顔を舐めるシーンもありました。

僕はそういう役が大好きなんです（笑）。駆け出しの頃に多かった役柄が、気が弱かったり真面目過ぎたり、未熟な青年がいろいろな冒険や人と出会って成長して、一人前の人間になる一歩手前で映画が終わる……というパターンで。そういう役って台詞もいじれる幅が狭いし、「まっすぐしゃんとしゃべる」というのがとても難しいんです。でも、悪役とかチンピラの役というのは、幅が広くていじりやすくて。だから、自分の中で扱える要素が多いので面白いんです。最近そういう悪い役も結構いただくようになってきて、『メタルファイト ベイブレード 爆』（'10 杉島邦久監督）のDr.ジグラットとかも楽しかったですね。『文豪ストレイドッグス』（'16 五十嵐卓哉監督）の森鴎外役でも「エリスちゃぁ～ん！」なんて面白い調子で演技ができました（笑）。

——そういう意味で変わった役というと、『フルーツバスケット』（'01 大地丙太郎《あきたろう》監督）の草摩綾女《そうまあやめ》がありますね。あれも異色な役ですよね。

『フルーツバスケット』は本当に苦労しました（苦笑）。毎回、何回もリテイクしたはずです。いまだに「あの役が好きです」とファンレターをいただくことがあるのですが、僕自身は恥ずかしくて、オンエアも録画したけれど、いまだに見ていないんです。体調が良いときに見ようかなと思って（笑）。綾女役を何とか演じられたのは、まず原作のイメージがあるので、それに助けてもらっていたからです。その

当時は五里霧中、七転八倒という感じで。もし、僕の何かが良かったのだとしたら、それはもう必死に汗だくになってやっていたからということに尽きると思います。「この役はこんな感じ、OK、つかめた」と思ったらそこで終わりなんです。「これでいいのかな、この役はまだつかめていないかもしれない」という気持ちがないとダメになってしまう。うまい役者の人ほど「いまだによくわからないんだよ」と言いながら演じていることが多いんです。

——綾女は表情がクルクル変わるキャラクターですよね。

ヒントになったのは『12モンキーズ』のブラッド・ピットの吹き替えでした。この役はとても勉強になりました。彼が演じるのはストーリーのカギを握る犯人のように見えるけれど……という意味深なキャラクターなのですが、ポンポンとテンションと言っていることが変わっていくんですよ。その変化を演技で見せようとすると、どうしても間に合わない。でも、早口になるとパクる（画面の人物より早く話し終わってしまうこと）んです。僕の場合、長い台詞で「ここで調子が変わる」と思うと焦っちゃうんですよね。

考えてみると人間って実生活でもすぐ変わるじゃないですか。今しゃべっている間に次のことを考えていたりするわけで。ところが、それが演技になると、ひと言しゃべって次のところで「変わる」と意識を変えないといけないような気持ちになってしまうんですよね。綾女も『12モンキーズ』のときも、僕はその切り替えがうまくできなくて何度もリテイクを出して皆さんに迷惑をかけたんです。それで思ったのが「変わる」という芝居をしてはいけないということです。「僕は変わりました、スイッチを入れます、よいしょ」とやること自体がリアルじゃなくて、しゃべっている人間は自分が変わっているという意識はないんです。むしろ、一貫して想念がどんどん次のところに移っているという風にやればいいんだなと。当時は、千本ノックをやってそれを身体が覚えたような感じでした（笑）。

――逆に『THE ビッグオー』のロジャーは硬そうな雰囲気のキャラクターでしたね。

ロジャーは冒頭に難しい長台詞を言うんですよ。きっと、舞台をやっているからそういう台詞も得意だろうと、僕に声がかかったのだろうと思います。でも、主語と述語の間に修飾語や倒置があってすごくハードボイルドな台詞で、これがなかなか言えなくて。当時は滑舌が悪くて苦労した印象もあったのですが、最近見直したら「あれ、ちゃんと言ってるじゃん！」って（笑）。ひと安心しました。そのときは本当に一生懸命やるしかできない時期で、うしろには玄田哲章《てつしょう》さん（『シティーハンター』海坊主ほか）や石塚運昇《うんしょう》さん（『カウボーイビバップ』ジェット・ブラックなど）や大塚芳忠さん（『亜人』佐藤など）など、『血界戦線』と同じくらい豪華なベテランのゲストが来ていて。そんな中でまず僕からしゃべるんです。もう気になっちゃいますよね。……そう言えば、滑舌で思い出したのですが、この歳になると滑舌が悪くなると思っていましたが、最近逆に滑舌が良くなってきたんです。

――何か工夫をしたのですか？

ひとつは、台本上の工夫ですね。そのときまでは言いにくいところに黒丸をつけていたのですが、それをやめました。その場所が近づいてくるとどんどん舌が固まってしまうんですよ。だから黒丸をやめて、赤とかではない青い色鉛筆で丸く囲ってみたんです。

――警戒色ではなく、リラックスできるような青ということですね。

そうなんです（笑）。それと、歌の先生に力の抜き方を教えてもらいました。その先生には「歌を歌うときは、いかに身体の力を抜くかが大事なんです。宮本さんは体がガチガチですね」と言われまして。鎖骨《さこつ》の下あたりに力が入ってしまうと、そこに引っ張られて舌がきゅっと硬くなってしまうそうです。いい声を出すためにはいかに舌をやわらかくして、鎖骨の下の力を抜くかが大事で、声は鼻の付け根あ

たりに当てるようにと言われて。それを教わってから「舌の力が抜けるというのは滑舌にもいいのかな？」と思って実践してみたんですよね。僕は鎖骨の下あたりがきゅっと硬くなってしまうらしいので、台詞を言うときにそこの力を抜くようにしたら、舌の硬さがなくなってきました。

――効果があったのですね。

昔は「どうやったら滑舌が良くなるの？」といろいろな人によく聞いていたんです。田中敦子さん（『GHOST IN THE SHELL／攻殻機動隊』草薙素子《くさなぎもとこ》など）は「言いにくいところは舌の先で話すようにしているよ」と言っていました。それもきっと舌を楽にするということだったんじゃないかなと思います。僕は「言いにくいところは、なんとかして言おう！」と力んだことでガチガチになっていたんですね。あとは、家でそのシーンの画面を頭に入れてしまって、アフレコのときは画面でなく言葉に集中するようにしました。すると、今さらなのですが、滑舌が良くなってきたんです。ロジャーのときにこれがやれていれば……と思いますね（笑）。

舞台、吹き替え、アニメというキャリア

――素朴な質問ですが、宮本さんのようなキャリアだと、声優と呼ばれることについて違和感があったりしますか？

それは難しいところですね。声優と呼ばれるのが嫌というわけではないですが、俳優のほうがしっくりくるかもしれません。そう考えると、もしかしたら僕は声の仕事をやっていると思っていないのかも。声の仕事も全部同じ「演技をする仕事」なので、マイクの向こうにいる人に話しているというか、マイクがないつもりでしゃべっています。だから、そういう意味では他の演技と変わらないんです。一方で、

病院などで職業を書くときに「俳優」と書くのもなんか気恥ずかしいものがあったりもするので、難しいところではあるのですが。

――お話を聞いていて、舞台、吹き替え、アニメの3つがあることが宮本さんにとっては大事なのだなと感じました。

そうですね。僕の中では最初は舞台、そのあとに吹き替え、そしてアニメが最後なんです。でも、舞台をやっていなかったら吹き替えもやっていないし、吹き替えをやっていなかったら、本当に下手なままだったと思うんです。そうしたら、アニメなんか絶対ダメだったでしょう。吹き替えで何百もの役をやったことで引き出しが増えて、アニメもできるようになった。そして、それが舞台にもフィードバックされていったんです。最近では「宮本、良くなったな」なんて舞台の辛口の人に言われたりもするんですよ。だから、この3つはどれがなくてもダメだったと思います。

あと、声の仕事がありがたいのは、舞台をやっている最中でも舞台の稽古の前に声の仕事を入れたりできることなんです。僕は舞台をやっているときに、声の仕事で違う役をやると、それで気持ちが解放されて、新鮮な気持ちで舞台の芝居に戻れるんです。舞台の期間中、よくマネージャーから「すみません、お疲れのときに声の仕事を入れてしまって」なんて言われるのですが、むしろ喜んでやります。

――迷いながら日々成長している感じなのですね。

そうですね。今年還暦なのですが、年賀状にも「今年も節目の歳を迎えます。肉体的な衰えと反比例して精神的には一番充実しています。まだまだ飛躍中」と書きました。毎年いろいろな発見があって、今が一番充実している気がしているんです。

速水奨

子供たちが教えてくれた声優の意義

はやみ・しょう

Rush Style代表・所属。声優デビューは1980年。81年公開の**『新竹取物語 1000年女王』**（1000年盗賊）にて。翌82年には**『超時空要塞マクロス』**で美形の天才パイロット、マックス役を演じ、一躍注目を集め、ロボットアニメの美形ライバルキャラを多数演じる。その後、キャリアとともにエキセントリックな悪役からやさしい父親役まで役柄の幅を広げていく。主な出演作に**『新世紀GPXサイバーフォーミュラ』**（ナイト・シューマッハ）、**『聖戦士ダンバイン』**（バーン・バニングス）、**『超時空世紀オーガス』**（桂木桂《かつらぎけい》）、**『トライガン』**（ニコラス・D・ウルフウッド）、**『戦国BASARA』**（明智光秀）、**『ご注文はうさぎですか?』**（チノの父）、**『暗殺教室』**（浅野學峯《がくほう》）などがある。

『Febri』Vol.43（2017年8月）掲載

演劇青年から『マクロス』へ

——放送開始35周年を記念して、2017年9月に『超時空要塞マクロス』（'82 石黒昇チーフディレクター）のオーケストラ・コンサートが開かれます。速水さんはMCですね。

昨年（16年）もAnime Japanで行われた『マクロス⊿《デルタ》』（河森正治《しょうじ》総監督）放送開始前のトークショーに出演しましたし、30周年のイベント（『第1次超長距離移民船団　メガロード進宙祭』）にも出させていただいたので、折に触れて『マクロス』との縁は続いているんです。自分の声優人生の中での出演の記憶は〝点〟なのですが、それがポイントポイントで呼び起こされて、今に続いている感じです。実は少し前に『聖戦士ダンバイン』（'83 富野由悠季《よしゆき》総監督）のBlu-ray BOX用オーディオコメンタリーを収録したのですが、こちらも34年前の作品で。あの頃の作品がこうして今につながっているのはうれしいことです。

——『マクロス』に登場した二枚目の凄腕パイロット、マックス（マクシミリアン・ジーナス）役はオーディションですか？

はい、自分にとって初めてのオーディションでした。人気のあった方々と一緒に受けたことを覚えています。当時は声の仕事を始めて2年目ぐらいで、まだこの仕事を続けるかどうかも自分の中で不透明だったので、別の未来もあると考えていました。そんな中でのオーディションだったのですが、手応えがあったんです。だから、初めて受けたオーディションで受かっちゃうのかな……？　と。そして思った通りに受かりました。ただ、その後のオーディションは連戦連敗でしたけれど（笑）。

——マックスに選ばれた理由は何だったと思いますか？

意外性じゃないですかね。マックスの可愛い顔にこの声というのが、面白かったのかなと。

——子供の頃からその美声だったのですか？

美声かどうかはわかりませんが……。小学校5年生の2学期が終わって、田んぼで凧揚げをしていたんです。そのときに声が出づらいなと感じて、そこから1週間声が出なくなって。そのあと、やっと調子が戻ったと思ったら、1オクターブ下がったこの声になっていました。周りの友達は気持ち悪がっていましたね（笑）。

——1週間で変声期が通り過ぎていったんですね。『マクロス』の時点では声の仕事を続けるかどうか迷っていたとのことですが。

当時、高級レストランで蝶ネクタイを締めてサーブの仕事をずっとしていて。その仕事が意外と自分に合っていたんです。厨房から客席へ料理を持っていくのですが、厨房の中は戦場、でも、表のホールに出たときはすました顔で料理を運んでいく。その二面性がすごく自分にしっくりきていたんです。それに当時としては時給がとてもよかった。毎月30〜40万円くらいもらっていたんです。でも、そこに声の仕事が入るとシフトに入れなくなってしまう。

——そんな事情があったんですね。もともと演劇の道に進みたくて東京へ出てきたんですよね？

そうです。高校1年のときに西田敏行さんが出演された青年座の舞台『写楽考』を見たことがきっかけでした。『写楽考』という戯曲は矢代静一《やしろせいいち》さんの「浮世絵師三部作」のうちの一作なのですが、この『写楽考』が本当に面白くて、演劇の道へショートカットするには大学なんか行っている場合じゃないという気持ちになったんです。それからアルバイトを始めて、東京へ行く資金を貯めて、青年座の養成所に入りました。

——地元は兵庫県でしたよね。東京へ出てきていかがでしたか？

東京に出てきたのは1976年頃です。70年安保が終わったあとの熱気はまだ残っていて、演劇で社会を変えられるのではないかと思っている人もいるような時代でした。そんな中で、お芝居をたくさん見ましたね。唐十郎《からじゅうろう》さんの劇団・状況劇場など、多種多様なものがあって圧倒されました。その頃、状況劇場とともに印象的だったのは、平幹二朗《ひらみきじろう》さんです。平さんが出演された蜷川幸雄《にながわゆきお》さんが演出した『三文オペラ』とか、そのあたりの作品に衝撃を受けました。

――経歴を拝見すると、青年座の養成所のあとに劇団四季に入っています。

青年座の養成所のときの友達が劇団四季が好きで、それをきっかけに劇団四季の方と知り合いになって「うちへ来ないか」と誘われたんです。青年座は代々木八幡にあったので代々木公園でランニングをやっていたのですが、当時の劇団四季は参宮橋《さんぐうばし》に稽古場があって、代々木公園でよく劇団の人たちと遭遇していました。それで誘われるままに代々木八幡から参宮橋に。ひと駅分の引っ越しでした（笑）。

――劇団四季はもともとストレートプレイ（ミュージカル以外の演劇）の劇団だったと思うのですが、速水さんが入ったときは既にミュージカルに軸足を移していたのでしょうか？

僕が入った時期はちょうどミュージカル路線が始まった時期だったんです。ブロードウェイ・ミュージカルの『コーラスライン』を劇団四季が完全コピーするということで、向こうから演出家と振付師を呼んで、上はベテラン俳優から下は僕らまで、全員で同じ振り付けを練習していました。ところが、僕はミュージカルに興味がないというか、歌もダンスもレッスンをしたことがなくて。周りは子供の頃からダンスをやっていたような連中ばかりで、そういうメンバーの中に未経験の自分が入るというのは、なかなか居場所がなく。それで四季を辞めて、演劇も辞めようかなと考えながら、先ほどお話したレストランでのアルバイトをやっていました。

「今度はスタジオで会いましょう」

――すると、声の仕事とはどうやって接点ができたのでしょうか?

雑誌の『ぴあ』で「アマチュア声優・ドラマ・コンテスト80」というニッポン放送が主催するコンテストがあることを知ったんです。僕はアニメをまったく見ていなかったので、声優というものに興味はなかったのですが、グランプリの賞金10万円に心惹かれました(笑)。さらに副賞は松本零士《れいじ》さんの『新竹取物語　1000年女王』('81 西沢信孝監督)という作品のテレビアニメ版と劇場版にも出られるという内容で。それが声優との接点の始まりでした。だから、動機は10万円(笑)。それで出場したら、トントンと決勝までいって、グランプリをいただいたんです。

審査員は当時新人だった戸田恵子さん(『キャッツ♥アイ』来生《きすぎ》瞳など)、それに永井一郎さん(『サザエさん』磯野波平など)と小《お》原《はら》乃《の》梨《り》子《こ》さん(『ドラえもん』野比のび太など)でした。そして突然、小原さんから「今度はスタジオで会いましょう」と言われて。でも、その時点では声優という仕事にあまり興味はなくて、グランプリ祝いのパーティーをやって飲んで騒いだ結果、トロフィーなんかはその日になくしてしまったぐらいでした……。ただ、そのあと『1000年女王』の仕事をしたことがきっかけで、東映アニメーション(当時・東映動画)のいろいろな仕事が入ってくるようになったんです。

――それが『機甲艦隊ダイラガーXV』('82 森下孝三チーフディレクター)につながるわけですね。

『ダイラガーXV』はオーディションだったかどうかは覚えていませんが、主人公側だけで15人もいる作品で、クウラガー、カイラガー、リックラガーの5人×3チームに分かれているんです。僕はカイラガーのうちのひとり、出雲タツオ役で、脚(右脛《すね》)になる機体に乗っているキャラクターでした。ただ、

そういう作品だったので出ない回もたくさんありました。で、出演中に病気になって1カ月ぐらいお休みをいただいたのをいいことに、退院後も事務所にそれを言わず、仕事からもフェードアウトしようしたんです。アニメの仕事が入るとアルバイトができなくなってしまうので。当時はアニメーションを1本やっても数千円。それが週に何本か入ると、アルバイト先のシフトにまったく入れない。どっちをとるか迷わなくもなかったですが、やっぱりアルバイトをとろうと。

――生活を考えたらそうなりますよね。

当時、タバック（アフレコスタジオ）で皆さんが楽しそうに「お昼に行こう！」と誘い合って出かけていくのですが、僕はお金を持っていないので、缶のミルクティーを買って、近くの公園のブランコで飲んでいました（笑）。そんなこともあってフェードアウトするつもりだったのですが、事務所の社長から連絡が入ったんです。「休んでいた間の出雲タツオの台詞は1回しかなかったので、そのときだけ他の方が代役をやってくれた。だから、早く戻ってきなさい」と。そうしてスタジオに戻ることになり、そこで他の事務所のマネージャーさんに気に入っていただいて、その縁が『マクロス』のオーディションにつながったんです。

――いろいろな偶然が重なって、だんだん声の仕事のほうに近づいていったのですね。

そうなんです。それで『マクロス』に受かってスタジオへ行ったら、そこに小原乃梨子さんがいらっしゃって……。ここで、コンテストのときに言われたことと、ようやくつながるんです。小原さんに「今は何をしているの？」と聞かれたので現状を話すと、翌週に小原さんの所属していたぷろだくしょんバオバブの社長さんが「うちに来ないか？」と誘ってくださって。それでバオバブに入りました。

――バオバブに入ったら声の仕事に専念しないといけないですよね？

しないといけないです（笑）。でも、未練はまだありました。それでも流石にレギュラーが4～5本くらいになってくると、もうアルバイトをすることは無理で諦めざるを得なかったのですが。

――アフレコのやり方やスタイルにはすぐに慣れましたか？

途中で逃亡しかけたりしましたが（苦笑）、アフレコは1年半ぐらいモブなどでやっていたので、その間に慣れました。舞台は反復練習をいっぱいして台詞を覚えていくので、滑舌《かつぜつ》とかも特別に意識したことはなかったんです。でも、アフレコは2～3回で正解を出すことを求められるので、ちゃんとしゃべるということをできるようにする、という苦労はありました。『マクロス』のときは絵があまり入っていなかったので、絵にあてるというより、ちゃんと台詞をしゃべれば絵が合わせてくれるという感じで、あまり苦労はしなかった気がします。ただ、2行以上の台詞はしゃべったことがなかったので『マクロス』に入って、いきなりいっぱいしゃべる回があったときはちょっと戸惑いました。

――身体をあまり動かさないで演じるという点はどうでしたか？

それは比較的早いうちに順応できました。ただ、当時は今のようにビデオではなくフィルムを映写してアフレコをしていたので、部屋全体が暗いんです。そして、マイクが何本か立っているところにスポットライトが当たっている。そこに行ってしゃべるというのは結構緊張しました。あと、アフレコには慣れてもオンエアを見ると、やっぱり自分の声だけ浮いて聞こえるんですよね。もちろん、自分の声だけを聞いているということもあるのですが、テンションとかちょっとしたことが下手だから浮いて聞こえる。全体の流れを自分の台詞のところでちょっと停滞させているような感覚は、2～3年ぬぐえなかったです。

キャラクターが自分に近づいてくる

――そうだったんですね。1982年の『マクロス』に続いて、翌83年には『聖戦士ダンバイン』のライバルキャラクター、バーン・バニングス、『マクロス』の後番組の『超時空世紀オーガス』（'83　石黒昇・三家《みか》本泰美《もとやすみ》チーフディレクター）では主人公・桂木桂《かつらぎけい》と、注目を集める役がさらに続きます。

実は桂木桂には非常に違和感がありました。桂というキャラクターが自分と違いすぎるんじゃないかという戸惑いや、いきなり自分が主役でそれに耐えられるのかという疑問があったんです。お話の内容も後半になるにつれて難しくなっていったし、〝桂木桂〟という名で、ストーリーの中に自分がどう存在すれば作品を高めていけるのか。そして、そういったことが自分の力量でできるのか……と、いろいろと考えることが多かったです。

――桂木桂は少し調子の軽い、ナンパなところのあるキャラクターでしたよね。

自分にはそういう部分はないと思っていたので戸惑いました。でも、あとから思うと、どうもあったみたいです（笑）。監督の石黒昇さんは、そのあたりを見抜いてキャスティングをされたんだと思いました。

――桂木桂のキャラクターに戸惑ったということですが、普段はキャラクターとの距離感はどのようにつかんでいるのですか？

ちょっと不遜な言い方をしてしまうと、昔は「キャラクターが自分に近づいてくればいいんだ」と思っていました。当時は、半年から1年間は放送するのが当たり前でしたから、音響も含めた演出はもちろん、作画も含めてだんだんキャラクターをつかんでいく感じだったんです。しゃべりのスピードひと

つとっても、最初は映像のほうで想定したスピードがあるのですが、オンエアされたものを見たりするうちに、台詞の量やスピード感が定まってきて、2クール目ぐらいになるとぐっと自分に寄ってくる、そんな感じで演じていました。でも、最近のように1クール作品が多くなってくると、最初の段階からキャラクターにどれだけの愛情と理解度で寄り添えるかというところが問われてきます。

――キャラクターをつかまえるときの第一のヒントはやはり台詞でしょうか？

自分がしゃべる台詞はもちろんなのですが、他のキャラクターが自分のキャラクターをどう語っているかも重要です。あとはト書きですね。ト書きをどれぐらい読み込めるかは大事なところだと思います。そういう周囲の情報から類推してキャラクター像をつかんでいきます。

――軽妙な桂木桂に対して、『ダンバイン』のバーンはかなり武張《ぶば》った人でした。

『ダンバイン』のオーディションは『マクロス』と近い時期にあったんです。Blu-ray用のコメンタリーを収録したときにも見直しましたが、若者らしいストレートなキャラクターだと思いました。ただ、第1話の自分の下手なこと。「やめてくれ〜」という感じでした（笑）。相手に台詞がかかっていないんですよね。

――「かかっていない」というのはどういうことですか？

距離感です。相手役との台詞の距離感がちゃんと取れていない。つまり、細かなテンションのコントロールができていないんです。今、新人に教えるときに言っていることを、当時の自分にそのまま言ってやりたい（笑）。ただ、全49話だったので、続けて見ていくとだんだん慣れて、いいところも出てきているかなと。身びいきですけど（笑）。

――『ダンバイン』の後番組、『重戦機エルガイム』（'84 富野由悠季総監督）でもライバルキャラクタ

ーのギャブレット・ギャブレーを演じていますが、こちらは二枚目半のキャラクターでした。『マクロス』のマックスで飄々としたキャラを演じさせていただいて、次に『ダンバイン』で野心を持ったバーン、『オーガス』で軽い調子の桂を演じて、という具合に短い期間ではあるけれど、ギャブレット・ギャブレーはそうやっていろいろな役をやってきたからこそ演じることができたキャラクターでした。桂を演じた経験があったので、それでコメディチックなお芝居にも挑戦することができたと思います。

――もうこの頃になれば、辞めようとは思っていなかったですよね？

そうですね。いつこの仕事を辞めるのだろうかと思っていたのは、1983年の中頃ぐらいまででしょうか。『ダンバイン』の後半くらいから腰を落ち着けて頑張らなければと思いました。

エクスカイザーが子供たちの中で生きている

――「この道でやっていくぞ」とはっきり決めたのですね。

いいえ、そこまで決意したのはもっとあとです。すごく遅かったんです。作品で言うと『勇者シリーズ』のときに、ようやくそういう気持ちになれました。

――『勇者エクスカイザー』（谷田部《やたべ》勝義監督）は1990年ですから、声優デビューからカウントすると10年近く経っていますね。

時間がかかりました。

――すると『エクスカイザー』が大きな転機になったと。

はい。あとその少し前にOVAの『デビルマン　誕生編』（'87　飯田つとむ監督）の主人公、不動明《ふどうあきら》があり

ます。不動明とエクスカイザーが大きな転機でした。

――不動明は、速水さんの演じてきた役の中では珍しいナイーブな少年です。

不動明の友人の飛鳥了でオーディションを受けたら、「不動明もやってみてください」と言われ……。それで不動明で受かったんです。選ばれた理由は、意外性とデビルマンに変身したときのワイルドさでキャスティングされたようでした。原作が好きで読み込んでいたこともあって、感情移入はとてもしやすかったです。ただ、原作のファンだからといってうまく演じられるわけではなく。そこは、それまでに演じてきたキャリアの中で、ワイルドな部分のデビルマンと、ナイーブな不動明をスイッチングできるようになってきたからこそ、演じることができた役だったと思います。

――『エクスカイザー』のほうは、どういう点で転機になったのでしょうか?

『エクスカイザー』は一話一話のエピソードがとてもピュアなんです。小学校にあがる前の子供が思い描くような世界観で、正義と悪がとてもわかりやすい構図で描かれている。悪も決して歪《ゆが》んだ印象はなくて、負けても「覚えていろよ～」と言って戻っていくような調子で。だから、自分が子供の頃に見ていたアニメと近いものを感じて、それを今の自分が演じる楽しさ、というのがまずありました。そしてなにより、子供たちがすごく熱心に番組を見てくれていて、大きなインパクトがあったんです。

――子供の視聴者の存在が大きかったんですね。

そうなんです。幼い子供たちが熱心に手紙を書いて送ってくれるんです。それまでも、ありがたいことに中高生のファンからファンレターをいただくことはありましたが、それは「アニメを作っている人がいる」「キャラクターを演じている人がいる」ということをわかった上で送ってきてくれるものなんです。でも、子供たちはもちろんそんな知識はありませんから、純粋に〝エクスカイザー〟に手紙をく

れるんです。その感覚はとてもピュアでうれしくて「声優とはこういう存在なんだ」「自分はこういうことのために仕事をしているんだ」ということを実感しました。

――仕事の意義を再発見したんですね。

それまでは、まず与えられた台本で自分がどれぐらいキャラクターを成立させられるか、ということを考えて仕事をしていました。マイクがあって映像があって、そして自分と台本がある、というアフレコブースの中だけで考えていたんです。中高生のファンの方からお手紙をもらったりするのは、そのお芝居の結果であって、演じるときに彼らの存在というのは入っていなかった。でも、エクスカイザーを演じたことで、自分の声がダイレクトに子供たちに届いて「キャラクターがそこで生きているんだ」という感覚を持つことができたんです。

――すると、エクスカイザーを演じるときにはどんなところを意識したのでしょうか？

大きくて頼りがいのあるロボットですから、発声も広がり――専門的に言うと倍音（もととなる一音から発生する異なる音程の響き）をいかに響かせるか――を意識して、優しさとか力強さとか信念みたいなものを安定して感じてもらうように心掛けました。その頃にやっていたＯＶＡの作品ではクセのあるキャラクターが多かったので、そうはならないように、胸郭をちゃんと響かせることを意識して。そういう意味では、自分が演劇でトレーニングしていたことを思い出した感じでした。マイクの前でしゃべるのは、舞台の発声とは違うので、どうしても小さくまとまってしまう傾向があるんです。そこから「もっと身体を動かしてもいいのかな、もっと声を響かせていいのかな」と探ってきたのですが、『エクスカイザー』のときに、全体に共鳴させて声をストレートに出すというところに至った感じです。昔は大きく声を出すと浮いている感じになってしまいましたが、10年経って、大きな声を出しても浮かないだけのコ

ントロールは多少できるようになっていましたし。

――現在、若い方に指導するときも、そうした声の出し方を教えるわけですね。

そうです。まず発声がちゃんとしているかどうかが大事です。発声というのは、どれだけ音を効率よく前に出せるかどうかが重要なんです。口の開き方や、腹筋の使い方を工夫することで、自分の骨格でどれだけ声を響かせるか。そうやって楽器としての自分を磨くことが大事です。発声するときって、身体の中のどこかで自分がストップをかけてしまっているところがあるんです。指導のときによく言うのですが「夜道で鳴いているカエルはとても小さな身体なのに、あんなに大きな声を出すことができる。あるいは、赤ちゃんはどれだけ泣いても声が嗄《か》れない。だから、そういう発声をしろ」と。ちゃんと身体が使えていれば、そういいい音が出るはずなんです。

呼吸のリズムを変える

――そのあたりを大切にすることが、エクスカイザーのヒーロー感にもつながっていたのですね。

速水さんはライバルキャラクター、黒幕キャラクターの印象がある一方で、コミカルな役柄も多く演じています。

桂やギャブレーは軽いコミカルな感じに挑戦した初期のキャラクターでしたが、自分で演じていて楽しくなったのは『無責任艦長タイラー』（'93　真下《まし》耕一《も》監督）のマコト・ヤマモト大尉です。「僕が演じたらこういうキャラクターはこうなります」という〝ブランド〟のようなものを提示できたキャラクターでした。

――やはり、演じるうちにノッてきた感じだったのでしょうか？

絵もだんだん崩し顔が入ってくるようになりましたし、僕自身も演じながらマコトとの接点を見つけていく感じでした。僕は子供の頃はわりと優等生だったのですが、年齢を重ねるに連れて「自分は私生活ではドジをするな」とか「忘れものをよくするし、ダメな部分が多いな」という発見があるわけです(笑)。そんな自分を容認できるようになってから、そういう弱点を投影できるキャラクターとして〝真面目なんだけどどこか抜けているマコト〟を面白がれるようになりました。あとは、テレビと並行してオーディオドラマを録っていたことも大きかったです。オーディオドラマは台詞しかないので、絵に縛られないで役柄を追求することができるんです。特に(『タイラー』では)ヒデザブロー・キタグチ軍医役の八奈見乗児《やなみじょうじ》さん(『タイムボカンシリーズ　ヤッターマン』ボヤッキーなど)とのやりとりは印象に残っていて、そういうことの積み重ねで自由度が増していきました。

——今ではギャグっぽい作品もよくやっていますよね。

はい。よく言われているのは、僕を無駄遣いしていると(笑)。でも、自由に使ってください、という感じです。

——『いぬかみっ!』('06　草川啓造監督)の仮名《かりな》史郎もテンションが高かったですね。

『いぬかみっ!』は、主人公の川平《かわひら》啓太を演じた福山潤くん(『コードギアス　反逆のルルーシュ』ルルーシュ・ランペルージなど)の芝居も本当に面白くて。コメディは、こっちが発した言葉を向こうがどう受け止めて料理して返してくれるか、そういうキャッチボールができないと面白くなりませんからね。

——『銀魂《ぎんたま》』('06　高松信司監督ほか)の星海《うみ》坊主だと、基本のトーンは同じままシリアスとコメディの間を行ったり来たりする感じが印象的です。

星海坊主は、前の事務所に所属していたときにオファーがあったんです。マネージャーが「実は毛の

ない役なんです。どうしますか？」と聞いてくるんですよ（笑）。「髪の毛があろうがなかろうが、面白い役だったらやってみるよ」ということで引き受けました。僕は、星海坊主はブルース・ウィリスだと密かに思っているんです（笑）。海外の人は髪の毛がなくても格好いいというのがあるでしょう？　そういう風に格好よく演じようと思いました。だから、エクスカイザーみたいに大きく演じるようにしています。

――『戦国BASARA』（'09 川崎逸朗監督ほか）の明智光秀、『Fate/Zero』（'11 あおきえい監督）の遠坂時臣《とおさかときおみ》が記憶に残っているファンの方も多いと思います。

明智光秀は、自分がそれまで演じてきたエキセントリックな役の延長線上にいるキャラクターです。ゲームが先にあるわけですが、ゲームの1作目のときに「とにかく高い声で、狂気に満ちた感じで笑ってくれ」というオーダーがあって苦労をしたので、2作目のときは「もうちょっと自分がやりたいようにやらせてくれ」とお願いして、今の明智のスタイルが出来上がりました。

――アニメ1作目第12話の明智が死ぬシーンの、独特な笑い声はインパクトがありました。

あそこは刺されて、足が浮いている状況でしたよね。これはもうマンガだからとことんやってしまおうと思って、振り切って演じました。ああいうときは、本番中に後ろで座っている人たちの中から「プッ」と笑い声が漏れると「勝ったな」と思います（笑）。アニメのあのシーンでは思い残したことはなかったです。

――遠坂時臣のほうはいかがでしたか？

『Fate/Zero』もアニメよりオーディオドラマのほうが先でした。時臣と一緒に行動するギルガメッシュもアニメと同じ関智一《ともかず》くん（本書第Ⅱ部）が演じていて、関くんは新人の頃から共演していて、当時か

らコイツはただ者ではないと思っていたので、彼の芝居の切り口や正確さに刺激を受けた役でした。

——正確さ、というのはどういうことなのでしょうか？

現実の人間には戸惑いやその日の体調がありますよね？　そういうものに影響を受けずに、キャラクターの存在感を感じさせるところです。キャラクターを演じるときには自分の呼吸でしゃべろうとしてはダメなんです。例えば、日頃の心拍数が80としたら、その心拍数で演じたらダメ。そのキャラクターならではの心拍数だったり、呼吸の深さだったり、そういうもので作っていかないといけない。センテンスがあってどこで息をするかということを考えたときに、口パクがないシーンでも、そうやって演じられるかどうかが大事なんです。もちろん、口パクがあるときはそこに従わざるを得ませんが、口パクがないのであれば、長い息のキャラクターだったらワンブレスでずっとしゃべってみたり。そういうところからキャラクターを作ることで、自分ではない存在に迫ることができるんです。そうしないと、全部が自分と同じ呼吸のリズムになってしまいますから。リズムを変えることでキャラクターを変えていくんです。

——言葉になる前のベースの部分でいかにキャラクターを作るかということですね。

僕の演じる役はだいたい息が長いです。だから、しゃべったあとに、ものすごく肺が苦しいときがあります。死ぬんじゃないかというくらいに（笑）。あるいはちょっと年配の役なら逆に僕は呼吸数を増やします。

ナレーションと朗読の仕事

——『タイラー』のマコト・ヤマモトのお話でも出ましたが、オーディオドラマというのは速水さ

んがキャラクター作りを徹底する上で大きな役割を果たしているのでしょうか？

はい。アニメーションはブレスがきっちりと切られているのですが、オーディオドラマをやるときはその制限がありません。自分がキャラクターを作ってこられたのは、オーディオドラマでいろいろとチャレンジできたからだと思っています。例えば『南国少年パプワくん』（'92 高木淳監督）のマジック総帥も先にオーディオドラマがあったので、そのときに役柄が確立したと思いますし、『闇の末裔《まつえい》』（'00 ときたひろこ監督）の邑輝《むらき》一貫《かずたか》のように何かを企んでいる役もオーディオドラマを通じてキャラクター性をつかめるようになりました。

――そうだったんですね。お話をうかがっていると90年前後に大きな転機がいくつかあって、そこが現在の速水さんを形作ったポイントになっているのだと感じました。

そうですね。今の僕の中の大きな仕事のひとつとしてナレーションがあるのですが、これも80年代後半から増えてきた仕事なんです。企業ナレーションやラジオCMも面白い仕事なんですよ。例えば、CMだったらある商品を、まるで100万回も使ったことがあるかのような感じで伝えなくてはならないですよね。でも、CMの原稿は当日もらうんです。だから、その場で原稿を見て素早く読解することが求められる。そして商品のアクセント、切るところ、強調するところなど、CMとして伝えなくてはならない、いろいろな要素をひとつのベクトルの中に集約して声にしていくんです。しかも、限られた時間で。

――素朴な質問ですが、声優ではなかった人生を想像することはありますか？

高校1年のときにあの舞台を見ていなかったら、今は学校の先生をやっていると思います。僕の同級生の半分以上は教師なんです。僕がなるとしたらきっと国語の先生でしょうね。……と言いながら、先

日も徳島のふたつの小学校で朗読をやってきたのですが（笑）。

——朗読の活動もしているんですね。

そうです。1〜2年生は『幸福の王子』、3〜4年生は『ごんぎつね』、5〜6年生は『よだかの星』を読むというのを、ふたつの小学校でやりました。小学校でやるからといって、子供向けに特に何かするわけではないです。低学年の子は体育館の照明が消えると、大騒ぎになって先生に注意されていたりしますが（笑）、朗読そのものは大人に聞かせるのと同じテイストです。僕が「聞いてください」とひと言しゃべると声が低いのが意外なのか、だんだん物語に入ってきてくれるんです。そして、最後にはみんな集中してくれている感じです。自分のいろいろな仕事の経験が朗読には反映されているので、こういう活動は広めていきたいと思っています。

II

主役と脇役と

自分のトーンを決めつけない

飛田展男

とびた・のぶお

アーツビジョン所属。１９８２年の**『サイボットロボッチ』**のボブ役でアニメデビュー。翌83年の**『キャプテン翼』**若島津《わかしまづ》健《けん》役で初レギュラー、85年の**『機動戦士Ｚ《ゼータ》ガンダム』**カミーユ・ビダン役で初主役を演じる。キャリアに伴い次第に演じるキャラクターの幅を広げ、硬軟取り混ぜたさまざまな人気キャラクターを演じている。その他の主な役に**『ちびまる子ちゃん』**（丸尾末男）、**『サイボーグ009 THE CYBORG SOLDIER』**（００４）、**『創聖のアクエリオン』**（ジャン・ジェローム・ジョルジュ）、**『恋する天使アンジェリーク』**シリーズ（水の守護聖リュミエール）、**『幼女戦記』**（シューゲル）などがある。

『Febri』Ｖｏｌ．41（２０１７年４月）掲載

カミーユ・ビダン役との出逢い

――飛田さんは『機動戦士Ζ《ゼータ》ガンダム』（'85 富野由悠季《よしゆき》総監督）のオーディションで「どうして『ガンダム』の続編を作るんですか?」と言ったそうですね。

はい。オーディションで課題の台詞を録ったあとに、1分ぐらいフリートークの時間があったんです。そこで「好きなことをしゃべってください」と言われたので、「なんで続編を制作する必要があるんですか?」と言いました。オーディションに参加が決まったときから、うれしいというよりも、続編が作られることへの驚きのほうが大きかったんです。さらに、事務所の当時の社長さんから「向こうは渋っていたけど『ガンダム』のオーディションに入れてもらったから」と軽く言われて、カチンときた状態でオーディションに臨んだこともあって、思わず言ってしまいました。

――オーディションでフリートークというのは珍しいですよね?

そうですね。僕は『Ζガンダム』のときしか経験がないです。でも、オーディションって課題の台詞よりもクレジット――自己紹介の部分ですね――を聞いているという話もあるんです。クレジットは、多少気取った部分はあっても地声じゃないですか。台詞よりそちらがポイントになって決まったという話も意外と聞きます。これは噂ですけれども、オーディション・テープを聞くときにクレジットしか聞かないで判断するスタッフの方もいるとかいないとか。フリートークの本来の狙いも、地声の雰囲気を知りたいということだったと思うのですが、そこで掛け値なしの本音を言ってしまったわけですね（苦笑）。

――カミーユ自身を彷彿とさせますね。

（笑）。だからなのかはわかりませんが、テレビシリーズのカミーユには距離を全然感じませんでした。幼なじみのファとせっかく再会できたのに次の回ではケンカをしていたりとか、感情の飛び方に意表を突かれましたが、それも「そうだよな」と自然に思えたんです。ホンコン・シティでフォウとお互い敵だったという劇的な真実が明らかになって、次はどう出てくるのかと思ったら、いきなりベッドの上からあくびをしているアホ面で出てくるという。それを台本で読んだときに、どんな劇的な状況でも人間は疲れたら寝るし、起き抜けの顔なんてそんなもんだよなと、すごくリアルに感じました。『Zガンダム』はそういうシーンが多かったと思います。親を「あなた」呼ばわりするところも不思議ではなかったし、カミーユを理解したというより、そのまま演じていた感じです。

富野（由悠季）監督に質問したのは一度だけ。フォウとのキスシーンで、それがカミーユにとってファーストキスかどうかということを聞きました。そのときは「これはあなたの役だから、思う通りにやってくれればいいんです」と言われました。

とにかく「声を出せ！」

――いきなり『Zガンダム』の話からになってしまいましたが、そもそも飛田さんはいつ頃から声優という職業を意識していたのでしょうか？

子供の頃から、声をあてている人がいるということは意識していましたね。『鉄腕アトム』（'63）のアトム役だった清水マリさん、『オバケのQ太郎』（'65　長浜忠夫監督）でQ太郎を演じていた曽我町子さん（特撮『電子戦隊デンジマン』へドリアン女王など）、『怪物くん』（'68）の怪物くん、白石冬美さん（『機動戦士ガンダム』ミライ・ヤシマなど）などは、買ってもらった学習雑誌でお名前を見て知っていました。

——では、声優になりたいという気持ちを持ち始めたのはいつ頃でしたか？

高校2年生頃だったと思います。子供の頃から、本を音読するのが好きだったのですが、高校に入学したときに「マンガの台詞を声に出して読む」という行為に付き合ってくれる友達ができたんです。それで、休み時間にいろいろなマンガを読み合っているうちに、声優になってみたいという気持ちが出てきました。ただ、そのときは本当に漠然とした気持ちで。それが大学進学で東京へ出てきたことで、変わりましたね。

——東京へ出たことは大きかったですか？

大きかったです。当時、映画雑誌『SCREEN』に「人気声優インタビュー」という連載コーナーがあったんです。毎月ひとりずつ、ショーン・コネリーの若山弦蔵さん（『宝島』ジョン・シルバーなど）やアラン・ドロンの野沢那智《なち》さん（『エースをねらえ！』宗方仁《むなかたじん》など）など、洋画の吹き替えをメインでやっていらっしゃる方を取り上げていて。高校時代にそれをたまたま見つけて、「こんなのがあるんだ！」と思って読んでいました。そこには、どういう経緯でこの業界に入ったかなど、いろいろなエピソードが載っていたんです。それで東京に出てからは、神田の映画雑誌専門の古書店に行ってバックナンバーを探しまして、そこを切り取って、スクラップして穴があくほど読み直していましたね。

また、その頃はアニメ雑誌が創刊されたばかりの時期で、神谷明さん（『シティーハンター』冴羽獠《さえばりょう》など）や古川登志夫《としお》さん（『うる星やつら』諸星あたるなど）といったアニメでも活躍されている方がバンバン取り上げられていました。そこにも劇団や養成所のお話があったので、〝声優のなり方〟というのがようやく見えてきました。

——大学時代にサークル的な活動はしていましたか？

放送研究会という、ラジオドラマを作っているクラブに入りました。そこでようやくアマチュアながらも録音して作品を作るということに具体的に関わり始めて。しかし……挫折というほどではないのですが、そのうち学校に行くことから縁遠くなって、フェードアウトしてしまったんです。当然、親としては「何をやっているんだ!!」ということになりますよね。それで「お芝居をやりたいから、そっちの養成所に通いたい」という話をしましたが、それまで実家でそんな素振りも見せたことがなかったので、これまた驚かせてしまったようで。「暮らしていける保証はあるのか？」と聞かれても、こっちだってわかりませんよね(笑)。とりあえずセーフティーネットとして学校に籍を置いたままにすることで「とにかくやりたいんだったら、しょうがない。もう好きにしろ」ということになりました。それで劇団系の養成所を受けたんです。

——声優の養成所ではないのですね。

『SCREEN』の連載を読んでいると、いきなり声の仕事をするより、演劇をちゃんとやったほうがいいというお話が載っていたので、その通りにしたんです。

——そこから今のお仕事にぐっと近づいてくるわけですね。

ところが……あまりおおっぴらに言うのもなんですが……通い始めたものの、そのうち疲れて、学校に行ったり行かなかったりを何度か繰り返すようになりました。そんな状態が2年くらい続いて、これ以上同じことを繰り返したらダメだと思って。まずは1年間の養成期間をとにかくやり遂げようということを肝に銘じて、改めて劇団NLT付属俳優教室に通い始めたんです。

——足踏みの時期があったのですね。

そうですね。それで7月ぐらいになって、『アニメージュ』を読んで、いろいろな養成所の卒業生が

開いている勉強会があることを知ったんです。実際に現場のスタジオを使って、現場で働かれているディレクターの方を講師に呼ぶという実践的なもので。養成所は昼間で、その勉強会は週1回、夜の開催だったので、並行して通いました。

――勉強会はいかがでしたか？

参加している皆さんは1年近く声優学校で勉強して、さらに春から勉強会に参加しているわけで、改めて養成所に通い始めたばかりの僕よりもずっと先にいるんですよ。講師の方は業界内で一番厳しいと言われていた、吹き替え演出のパイオニア的な存在である春日正伸さんでした。春日さんには「今まで何をやっていたんだ!!」「とにかく発声練習を毎日やってこい!!」という感じでガンガン言われました。

――厳しいですね。

はい。ただ、うれしかったこともあって。だいたい他に十数人のレッスン生がいたのですが、1カ月くらい経った頃、「お前らは最近たるんでいる。この中で一番食いついてきているのは飛田だ。あいつは遅れて入ってきたからシャカリキになっている。お前らも頑張らないとダメだ！」とおっしゃったんです。そのときに、ガンガン言ってくるけれど、ちゃんとこちらを見てくれているんだなと。それは貴重な経験でした。そして、この勉強会がきっかけでお仕事をもらうようになりました。その年の11月下旬に初出演したのが、『暗闇にベルが鳴る』（'74 ボブ・クラーク監督、'82年にフジテレビで放送）というオリヴィア・ハッセーが主演のホラー映画でした。

――初めての現場はいかがでしたか？

僕は警察無線の声を担当しました。主役が岡本茉利《まり》さん（『花の子ルンルン』ルンルンなど）で、堀勝之祐《かつのすけ》さん（『トラップ一家物語』トラップ男爵ほか）、小林修さん（『さらば宇宙戦艦 ヤマト愛の戦士たち』ズォーダー大帝など）、

弥永《やなが》和子さん（『新・エースをねらえ！』緑川蘭子など）という、そうそうたるメンバーがいて、なにも言えずに縮こまっていましたが、一方でいつもテレビで聞いている声がそこにあってうれしかった部分もありました。当時はフィルムで上映しながらの収録でしたが、スタジオの中でタバコがOKだったんです。だから、煙がもうもうとしていて、まるで雀荘かカジノみたいな（笑）、大人の現場という雰囲気もあって緊張しましたね。

──アニメは1982年に『サイボットロボッチ』（岡迫《おかさこ》和之総監督）が最初で、翌83年には『キャプテン翼』（光延博愛《みつのぶひろよし》チーフディレクター）の若島津健役でレギュラーが決まります。

『キャプテン翼』のオーディションは主人公の大空翼くんで受けたんですよ。それが若島津になって。これは確かめていないから真偽はわからないのですが、キャスティングの時点では、若島津があそこまで大きな役になるとは思われていなかった節があります（笑）。対戦するチームのひとりくらいで。それが……あれよという間に、という感じで。

──アニメのお仕事が本格的に始まっていかがでしたか？

当時はとにかく「声を出せ」と言われていました。「地声が弱いから、それを作らないとダメだ」ということで、「声を張れ！　声を張れ！」と。吹き替えやアニメ以前の問題ですね。それは春日さんが「最初は変に声を作ったりせずに、地声を鍛えて、地声で芝居ができるようにならないとダメだ」という方針でしたから。だから、そういう意味では少し遠回りをしたのかもしれないですが、結局は良かったと今は思います。

──井上和彦さん（本書第1部）も、地声を鍛えるため蕎麦屋でアルバイトをしていたそうです。

そうですか。僕らの世代までは、だいたいそういう指導を受けていると思います。今は日常的な会話

をする作品が多くなりましたが、あの頃のアニメはベースのテンションが高い作品が多かったし、機材の感度の問題もあったので、ただ普通にしゃべるだけでは他の人たちと噛み合わないんです。特に第一線でやられていた方は声を鍛えられているので、「おい」と呼ばれて、普通に「はい」と答えてしまうと受け答えにならない。そういう意味では今は、マイク前での普通の演技が本流になっているので、うらやましいですね（笑）。

——声を張らないお芝居が当たり前になった分岐点はどのあたりだと思いますか？

『新世紀エヴァンゲリオン』って何年でしたっけ？

——1995年です。

あのときの緒方恵美《めぐみ》さん（『幽☆遊☆白書』蔵馬《くらま》など）や林原めぐみさん（『スレイヤーズ』リナ＝インバースなど）が演じた碇《いかり》シンジと綾波《あやなみ》レイ。あのトーンがひとつの境目だと思っています。僕も『エヴァ』のテレビシリーズは見ていましたが、あんなモノローグに等しいしゃべりで成立してしまうんだと驚きながら見ていました。もちろん、自分の心の中に入り込むような役柄の設定もあったとは思います。それにしても、ほとんど張ることのないボソボソとしたしゃべりが良しとされる時代になったのか⁉　と見ながら感じたことを覚えています。

——『エヴァ』は、そういう意味でもインパクトがあったのですね。

ありました。

役をつかむのに半年かかった、丸尾くん

——キャリアを拝見すると『ちびまる子ちゃん』（’90　芝山努・須田裕美子監督ほか）に登場する、眼鏡の

学級委員、丸尾くんの存在感も大きいです。〝飛田展男〟という名前をはっきり知ってもらえたという意味で、丸尾くんの存在はとても大きいです。それまでの『キャプテン翼』にしても、『Zガンダム』にしても、「若い声優でこういうヤツがいる」ぐらいの印象はあったと思います。でも『ちびまる子ちゃん』自体がものすごい人気作になったのもあって、丸尾くんで「こういう役なら飛田だな」という認識をされるようになりました。それ以降、演じるキャラクターの眼鏡率と変な性格率が格段に上がりました（笑）。

――（笑）。あの独特のテンションというのは、どうやって出来上がったのでしょうか？

当然、さくらももこ先生の原作あってこそなのですが、作画と演出の方との合作で出来上がったものだと思っています。そもそも、丸尾くんってどうやって演じればいいかわからなかったんですよ。

――そうだったんですか。

丸尾くんはオーディションだったのですが、丸尾くんと花輪くんの掛け合いのシーンをやったんです。そのときはまだアニメの絵は出来上がっていなくて、原作を資料に演じました。原作を見ると、花輪くんはいけ好かないキザなお金持ちでわりとつかみやすい。でも、丸尾くんは学級委員をやたらと気にしていて、すぐ「ズバリ！」という。しかも顔に縦線がずっと入っていて暗いヤツかなと思ったら、やたらハイテンションで、どういう子なのかどうにもつかみづらい。オーディションのときは、今花輪くん役をやっている菊池正美《まさみ》さん（『機甲戦記ドラグナー』ケーン・ワカバなど）が相手だったのですが、僕が花輪くんをやって、菊池さんが丸尾くんをやるパターンも録って、交互に役を演じたんです。終わってからふたりで「丸尾くんってわからないよね？」という感想を漏らし合った記憶があります。だから、丸尾くんで決まったときは、「こっちかぁ……」と本当に頭を抱えました。

――どうして決まったのでしょうか？

これも聞いた話ですが、最初にスタッフサイドが出した決定は、僕が花輪くん、菊池さんが丸尾くんだったそうなんです。でも、最終的に声を聞いたさくら先生が「逆のほうがいいんじゃないですか？」とおっしゃって、その鶴のひと声で今の形になったそうです。……とはいえ、丸尾くんのことがすぐにわかるわけでもなく。第2話からの登場だったのですが、いきなりまるちゃんに対して、「ズバリそうでしょう！」を連発するんです。台本を読んでも、どうやるべきかわからなくて……。でも、そんなことを言っても録音の日はやってくるわけで。そのときは、とにかく絵に合わせてハイテンションで「ズバリそうでしょう！」とやりました。「はい、ＯＫ」とは言われたものの、自分の中では「何が〝ズバリ〟なんだ……」とわからないままで。その状態が半年ぐらい続きました。

――結構長い間迷っていたのですね。

本当にわからなくて。それを助けてくれたのが、アニメの画面でした。テンションの高い丸尾くんの姿が描かれていて、だんだんそのノリに慣れてきて、最初に感じていた違和感が薄れていったんです。中でも印象的だったのは、のちに『機動戦艦ナデシコ』（'96）や『モーレツ宇宙海賊』（'12）で監督をされる佐藤竜雄さんの演出担当回でした。その回は、丸尾くんがひときわハイテンションだったんです。

――ふと思ったのですが『機動戦艦ナデシコ』のウリバタケ・セイヤは随分ハイテンションですが、丸尾くんの影響があるのでしょうか？

多分あると思います。キャスティング自体に佐藤監督がどこまで関与したのかはわかりませんが。もっとも、あれは自分で勝手にハイテンションにした役柄ということもあります（笑）。ともかく、丸尾くんはそうやって絵と一緒に育っていったキャラクターでした。

――飛田さんが考える丸尾くんはどういうキャラクターですか？

そうですね……。一番腑に落ちた説明は、実はファンの方が送ってくださった同人誌に書いてあったんです。それは中学生ぐらいになった花輪くんと丸尾くんを描いたものでしたが、絵柄はあのままで、ふたりがちょっとＢＬっぽくなるという内容で(笑)。パロディというか、おちゃらけのひとつとして描かれていた感じだったのですが、花輪くんが丸尾くんに言い寄るんです。すると丸尾くんは「そんなことをしてはいけません！」みたいにはねのけるんです。そうしたら、コマの中に作者のつぶやきみたいに「この子はとてもまともな子だなぁ」と書いてあって。それを読んだときに「ああ、そうそう」と。丸尾くんはまともな子なんです。それがハッキリつかめたことで、何の迷いもなく演じられるようになりました。

――丸尾くんが難しいというお話がありましたが、例えば、『おそ松さん』('15 藤田陽一監督)のダヨーンみたいな、人間性からアプローチができない役はどうつかんでいくのでしょうか？

あれこそ、書いてあるから「ダヨーン」と言う。それ以上のものではないんです。極端な話、「ここからあそこまで歩いてください」みたいな演出をもらったときに近いです。ただ歩くだけなんだけど、でもちゃんと歩かないといけない。物語には全然関係ない、ただの通行人として、悪目立ちしないように歩かないと、ちゃんと歩いたことにならない。だから、緊張していないわけではないです。でも、こちらで下手に何かやろうとはしませんでした。そのまま演じて違ったら「違います」と言ってもらえますし。下駄はスタッフに完全に預けて、こっちは出たとこ勝負でやっている感じでした。非常に無責任に、いかに何も考えずにできるか。それが面白さになったり、アクセントになったりという役なので。ダヨーンに限らず、他の作品でもそういう取り組みをするキャラクターはありますね。

――アドリブを入れたりしたことはありますか?

それはないです。野球のエピソードだからサイレン風に台詞を言うくらいはしましたが、あの番組はほとんどアドリブはないんですよ。六つ子を筆頭にめちゃくちゃに言っているように聞こえますが、全て台本に書いてあるんです。

転機となった『クッキングパパ』

――スタジオジブリが制作した1993年の『海がきこえる』(望月智充《ともみ》監督)の主人公・杜崎《もりさき》拓も印象的な役でした。

そうですね。あの当時は、日常的な世界を描いた作品は意外となかったんです。それこそジブリ作品と『世界名作劇場』くらいで。僕としても「当人にとっては大事件だけれど、すごく日常的な世界の物語」というのは、ずっとやりたかったことでした。逆に、今の20代の方はそういう作品が多くてうらやましいなと思って番組を見ています。……ただ、転機というなら『海がきこえる』の前年、『クッキングパパ』('92　角田利隆監督)のほうになりますね。

――『クッキングパパ』ですか?

『クッキングパパ』という作品がなければ、『海がきこえる』はできなかったのではないかと思います。あれもとても日常的なお話です。僕がやった田中一《はじめ》は、主人公・荒岩の部下で、ムードメーカーというか、わりとおちゃめなコメディリリーフだったのですが、つい張り切って演じていると、必ず音響監督の斯波《しば》重治《しげはる》さんに「作っちゃってるよ」と指摘されました。「おかしい役をやろうとしているよ。おかしくしようとしているよ。そういうのはいらないからね。普通にやってくれればいいんだから、ちゃん

と会話して」と。まわりは玄田（哲章《てつしょう》）さん（『シティーハンター』海坊主など）、勝生《かつき》（真沙子《まさこ》）さん（『美少女戦士セーラームーンS』海王みちるなど）や高山（みなみ）さん（『名探偵コナン』江戸川コナンなど）など、ふっとしゃべって役になる方ばかりで。決して難しいダメ出しではないのですが、はしゃぐ場面になるとどうしても何かやりたくなって。でも、やると「違うよ」と言われてしまう。どうすればいいのか……。だから、アフレコ前日になると「明日は『クッキングパパ』かぁ……」と憂鬱になる期間が随分長かったです。

——それはどこかで変わりましたか？

高山さんがふた役演じていたまことくんと妹のみゆきちゃん、頓宮《とんぐう》恭子さん（『ダーティペア』ケイなど）と丸山裕子さん（『はじめ人間ギャートルズ』ゴンなど）が演じたまことの友達のみつぐ、そういう子供たちと会話するシーンを演じているうちに、「自分をお兄ちゃんと慕ってくれる子供たちと話すんだ」と考えることができるようになったんです。まことが「田中兄ちゃん！」と来たら、「どうした、まこと」と、そう言えばいいんだと。だから『クッキングパパ』を演じる少し前に学園ものの作品をやっていたのですが、ほんの1～2カ月の違いなのに全然違うんです。前の作品では何かを作っちゃっていて。……そういうことがあったので『海がきこえる』のラストの台詞、「ああ、やっぱり僕は好きなんや……。そう感じていた」というモノローグが言えたのだと思います。聞きようによっては、これ以上ないぐらいバカっぽくなってしまう台詞です。それを「思わず言ってしまった」ぐらいの感じで言うからこそ、お客さんが共感してくれるわけで。決めてかかってはどうしようもない台詞でした。

——思いがあふれた感じがする台詞だから共感できるわけですね。

そうなんです。そういうのは難しい。それに比べて、カミーユがポロッと言う「わかった振りしてやればいいんでしょ？」みたいな捨て台詞は、気負いも戸惑いもなく言えるのですが（笑）。

――飛田さんが演じた役の中で、個人的に「こういう役も演じられるのか」と思ったのは『サイボーグ009 THE CYBORG SOLDIER』（'01 川越淳監督）の００４と『GetBackers－奪還屋－』（'02 古橋一浩、元永慶太郎監督）の赤屍蔵人《あかばねくろうど》です。カミーユや杜崎拓のような少年とはまた違う切り口でした。

赤屍は天野銀次役の森久保祥太郎くん（『魔術士オーフェン』オーフェンなど）がノッてやってくれたので、こっちも調子に乗ってやることができましたね。００４は……オーディションが来た段階で既に「間違いじゃないのか？」と思っていました。コメディリリーフの００６や００７ならまだわかるんです。絶対に００４はありえない、００４は圧倒的に大人の役だから、ふっとしゃべってキマる方たちがやる役だ、と思っていました。実際、オーディションには渋い声の人たちが大勢いました（笑）。しかもオーディションの台詞が、クライマックスのシーンばかりなんです。初登場で恋人を失うシーン、地下帝国ヨミ編で心を通わせたビーナが死んで怒りを爆発させるシーン、それとジョーが死ぬかもしれないと悲しむフランソワーズを慰めるシーン。

――名シーンばっかりですね。

そうなんです、もっと普通の何げないシーンだってあるのに。００４を演じるときに気をつけたことも作らないということなんです。声の渋さでいったら、もっと渋い人はいます。だからと言って、それを真似して声を押し殺して演じてもダメ。００４は格好いいけれど、格好つけている人というわけじゃないんです。何げなく腕を組んで壁にもたれかかっている。その何げなさが格好いい人なので、作っても無駄なんですよね。「これは芝居のしどころだぞ」というシーンがあっても、「ダメッ！」というように気持ちを引き締めて演じていました。

――アニメ第2作（'79 高橋良輔監督）の004だったキートン山田さんは『ちびまる子ちゃん』のナレーションでもあるので、面識があるわけですよね。

本当ならすぐに報告しなければいけなかったのですが、さすがに現場ではそういう話はできず。作品の忘年会があったときに「実は、お聞き及びかもしれませんが、跡を継がせていただいています」とお話しました。「おう、そうなんだってなぁ」と応じていただきましたが、やっぱり緊張しましたね（笑）。

カミーユ再び

――飛田さんは、年齢に合わせて演じる役柄が自然に変化してきていると思うのですが、そのあたりは意識していますか？

甘いものばかり食べていたらしょっぱいものを食べたくなるみたいに、抑えた役が多いときには大暴れする役をやってみたくなったりはします。でも、それを具体的に主張することはなかったです。ただ、004と赤屍を演じたのがちょうど40代に入ってぐらいで、これから落ち着いた役に移行していくのかな、と感じていた時期でした。そんな予想は劇場版の『Zガンダム』（'05 富野由悠季総監督）でぶち壊されまして（笑）、そこからは混沌とした感じになりました。

――そうだったんですね。劇場版『Zガンダム』もかなりの苦労があったと聞きます。

劇場版の企画については、何年も前から噂は聞いていました。そして、映画化が決まったときに「声を聞きたい」という連絡がきて、富野監督とほとんどマンツーマンでやり取りをしました。富野監督としては「新しい『Zガンダム』にしたい」「ピュアなカミーユにしたい」ということだったのですが、用意されていた台詞もテレビシリーズと同じ、口調もシチュエーションも変わらない、監督も具体的な

ことはおっしゃらない。監督からしたら、何か言ったらそっちに走ってしまって、目指しているものからズレてしまうということがあったのでしょう。何をどうしたらピュアになるかわからないまま「違います」の一点張りで。人によってはその時点で机をひっくり返すかもしれないですが、僕はわりとそういうやり合いが好きなんです。こっちはこっちで監督から何かを引き出したいし、監督は監督で僕の中から何かを引き出したい。普通に課題の台詞を読んで、後日結果を伝えます、でもいいんだけれど、お互いに「引き出そう」という思惑があるから1時間もやれたんだなと思います。

それでいろいろやっているうちにパッとやったものについて、富野監督から「今のです!」とポーンと返ってきて。自分には何かはわからないですが、自分から出たものが、あちらの思うところに引っかかったのだと思います。

——オーディションと稽古が組み合わさったような1時間だったんですね。

ネットには、改めてオーディションを受けて勝ち取ったみたいに書かれていますけれど、多分他にオーディションはやっていないと思います。僕以外にも何人かリストアップはしていたとは思いますが。

——1時間もダメ出しを受けていると、何がなんだかわからなくなりませんか?

なります。しかし、そこはやっぱりこちらも20年くらいやっているわけで。パニックになりつつも、富野監督が何かを求めていることは十分伝わっているので、そこがひとつの信頼になっていました。安心と言ってもいいかもしれません。もちろん、結果的に飛田ではダメだということになるかもしれない。でも、あの富野監督が自分ひとりのためだけにこれだけ時間を割《さ》いて向き合ってくれることは、そうそうあることではないので。……それでも最終的にダメだったら落ち込んだとは思いますけれど。

——本番のアフレコでテレビシリーズがちらついて苦労することはありましたか?

なかったです。テレビシリーズの台詞は身体に染みついているのですが、それを逆にシャットアウトする感じというか。富野監督が「これはお芝居の再演みたいなものです」と説明してくださったことで、すごく助けられました。特にファが松岡ミユキさんから新井里美さん（『とある科学の超電磁砲』白井黒子など）に、フォウが島津冴子さん（『うる星やつら』しのぶなど）からゆかなさん（『ふたりはプリキュア』雪城ほのかなど）に替わっていて、普通だったらどうしても前が気になってしまうところですが、「再演」だと思うことで気持ちを切り替えることができました。それでテレビシリーズがちらっとでもよぎったら、それはゆかなさんや新井さんに失礼だし。ゆかなさんにも言いましたが、「前がどうであろうと関係ない、この座組でいく以上、僕はゆかなさんがやるフォウを守るためにやるからね」と。普通はそんなことは言わないのですが、あのときは敢えて言いましたね。

決めつけすぎるのはつまらない

――さまざまなトーンのキャラクターを演じていますが、飛田さんの中で各キャラクターは、皆同一平面に並んでいるものですか？　それとも役柄ごとに別カテゴリーになっているのでしょうか？

以前は役柄ごとにキャラクターを変えてやろうという意識があったのですが、劇場版『Zガンダム』あたりで、そういう構えは無用だなと思うようになりました。もちろん、カミーユならカミーユのトーンはありますけど、それを考えてもしょうがなくて、結果的にそのトーンになるように自分を持っていくしかないわけで。自分のウリになるトーンを決めるのも大事だけど、自分でそれを決めつけすぎるのもつまらないかなと。僕はずっと青年声が自分の演じる役の中心だと思っていたのですが、劇場版『Z

ガンダム』を終えてみて、それは自分の中では傍流なんだと気づきました。素直な青年よりも、もっと屈折したクセのあるダークなキャラクターのほうが本道だったんだなと。今は自分で構えずに、状況に放り込まれたときに何が出るか、それはやってみないとわからない――そういう感じになっていますね。

――ダークな気分といえばOVA『HELLSING』（'06 ところともかず監督ほか）の少佐を思い出します。「諸君、私は戦争が好きだ」から始まる長台詞は圧巻でした。

あれはオーディションもあの台詞の抜粋で、スタジオにあった原作を拾い読みしても、どういう心持ちで言っているのか、つかみかねて迷いました。淡々でもなく、居丈高でもなく、あるいはヒトラーの演説みたいに歌い上げて煽っていくほうがいいのかわかりませんでしたね。本番で演じるときは声だけ先に録ったのですが、そのシーンの前から本編にはちょこちょこ出ていたので、心持ちについてはわかりやすかったです。この人は戦争について「君らも楽しいんだろ？　私も楽しい。それでいいじゃないか」と思っているいう一番タチの悪いタイプなんですね。お芝居の形としての収まりのつけ方はある程度決めることはできますが、それをあまり決め込まないで、〝楽しい〟というところだけで演じました。

――劇場版『Zガンダム』に出演したことで混沌としたというお話がありました。それはよかったですか？

よかったと思います。それがいまだに続いています（笑）。

――カミーユというキャラクターが節目節目で影響していますね。

そうですね、いつまで仕事として引きがあるかわかりませんが、アムロとシャアを演じる古谷《ふるや》徹さん（『聖闘士《セイント》星矢《せいや》』ペガサス星矢など）、池田秀一さん（『名探偵コナン』赤井秀一など）が健在なうちは、若輩の僕が勝手に白旗を掲げるわけにいかないなと覚悟しています（笑）。

関智一

居場所を探して移動していかないとダメ

せき・ともかず
アトミックモンキー所属。声優デビューは1993年『海がきこえる』（見習い）。94年には『機動武闘伝Gガンダム』（ドモン・カッシュ）で初主演。線の細い青年から、熱血キャラ、マスコットキャラクターまで多彩な役を演じる。主な出演作に『カードキャプターさくら』（木之本桃矢《とうや》）、『はじめの一歩』（宮田一郎）、『機動戦士ガンダムSEED』（イザーク・ジュール）、『ドラえもん』（骨川スネ夫）、『のだめカンタービレ』（千秋真一《ちあきしんいち》）、『潔癖男子！青山くん』（財前かおる）、『Infini－T Force』（ガッチャマン／鷲尾健）、『牙狼〈GARO〉－VANISHING LINE－』（ソード）などがある。著書に『声優に死す 後悔しない声優の目指し方』。

『Febri』Vol．44（2017年10月）掲載

「プロになれなかった」ドモン

――2017年10月スタートの『牙狼〈GARO〉-VANISHING LINE-』（朴性厚《パクソンフ》監督）では主役のソードを演じていますが、関さんは『牙狼〈GARO〉』シリーズとの関わりも長いですよね。

そうですね。最初の『牙狼-GARO-炎の刻印-』（'14　林祐一郎監督）では敵役でミケルという名前の魔物、ホラー（火羅）を演じさせていただいて、次の『紅蓮《ぐれん》ノ月』（'15　若林厚史監督）が蘆屋《あしや》道満《どうまん》役で、そして今回のアニメ第3作目では主人公に選んでいただいて。出世魚的な感じです（笑）。

――主人公のソードは、これまでの主人公とは違うタイプですね。

『牙狼』は、どのシリーズも主人公が比較的ニヒルな設定のものが多いのですが、今回僕が演じているソードは、そことは相反する感じです。多分、心に抱えているものはあるんです。でも、それを隠すためか非常に明るく振る舞っている。女性への興味も、とてもおおらかに表していて、女性のおっぱいに対して非常にリスペクトがある。それも決して下世話な感じじゃなく、崇拝というか尊敬というか、作中でも度々おっぱいを拝むお芝居をしているんです。アフレコのときにうかがったのですが、原作の雨宮（慶太）監督もおっぱいに同じこだわりを持っていらっしゃるそうです（笑）。ソードはそのあたりが際立った特徴かなと思います。

――『VANISHING LINE』はオリジナル作品ですが、原作がない作品の場合、どうやってキャラクターをつかまえるのでしょうか？

これといって何か特殊なことはしていないです。雰囲気……ですかね（笑）。あとは、台本に書かれている部分から推測することも多いです。それから実際に演じてみて、「もっとこういうイメージなんだ」

という、監督をはじめとする作り手の皆さんのご意見を聞いて、すり合わせていく感じです。ソードは大柄なパワーファイターで、非常に戦い慣れしている熟練の黄金騎士という役どころです。だから、バトルシーンのアドリブ（息の演技）はアクションの激しさに反して少なめにして、呼吸を乱さず余裕を持って敵を制圧するというような雰囲気でキャラクター作りをしました。

――例えば、キャラクターを見て、その体格に合わせて声のトーンを決めたりはしますか？

胸筋が発達して胸が張っていると響くので、その場合は多少ボリューム感のある声になります。そういうところは、何となく意識したりはします。ただ、「どういう声にしようか」と考えて演じているかと言ったら、そういうわけでもないです。

――あくまでキャラクターの雰囲気で演じていくわけですね。『牙狼〈GARO〉』シリーズというと、『炎の刻印』の劇場版『牙狼〈GARO〉－DIVINE FLAME－』（'16 林祐一郎監督）でも、冒頭のイチャつくカップルの男性役で出演しています。あれはどういう経緯で出演したのですか？

あれはアフレコが『紅蓮ノ月』の収録中に並行して行われたんです。『炎の刻印』と『紅蓮ノ月』は共通しているキャストが多いものですから、劇場版に出演する人が多かったんです。それで、自分も仲間に入れてもらえないかとお願いして、友情出演的な感じで関わらせていただきました。最初は相手役に誰がいいかと聞かれたので、三石琴乃《みついしことの》さん（『美少女戦士セーラームーン』セーラームーンなど）を希望したのですが「こんな役には呼べない」と却下されてしまい願いは叶わず（笑）。

――今年（2017年）出版された著書『声優に死す　後悔しない声優の目指し方』（KADOKAWA）の中のコラム「好きな声優トップ3」のところで、三石さんを筆頭に挙げています。

勝田声優学院の3年先輩で、僕が高校生、三石さんが大学生の頃に初めてお会いしました。そのときか

らキレイな女の先輩という感じで、僕の中ではマドンナ的な存在です。当時、オートバイに乗っていらっしゃって、ロングヘアーでツナギを着て、峰不二子みたいな印象で格好よかったです。

——三石琴乃さんのインタビュー（『声優語』収録）では、勝田声優学院で先生だった水鳥鐵夫《てつお》さん（『キン肉マン』ブロッケンJr.など）のお話が出てきました。『声優に死す』でも、水鳥さんのお話が出てきます。

本にも書いた通り、僕にとっては高校時代に出会った水鳥鐵夫さんが一番お世話になった方です。他にもお世話になった方はいますが、僕にとって、とてもセンセーショナルだったというか。

——厳しい方だったそうですね。

はい。でも、当時はそれが普通だったので疑問に思ったこともなかったです。自分も教えるような立場になって、水鳥さんが僕らにどれだけ時間を割《さ》いてくれていたのか改めてわかります。教わった期間は実質2年くらいなのですが、そのあとも心の中にずっと残っている先生です。お父さんみたいなところもあったので、気持ちの中では甘えていましたね。僕はお墓参りに望んで行くタイプではないのですが、水鳥さんのお墓参りは節目節目に行っています。迷ったときに立ち返りたくなるというか。本当に出会えてよかったです。

——勝田声優学院がまさに原点なんですね。

その通りです。感謝しています。

——関さんはその後、１９９３年にアニメデビューをすることになります。『海がきこえる』（望月智充《ともみ》監督）に出てくる、主人公・杜崎拓のバイト先の先輩（役名は「見習い」）ですね。『海がきこえる』とトマーシュ役で出る『機動戦士Ｖ《ヴィクトリー》ガンダム』（’93 富野由悠季《よしゆき》総監督）はどちらも音

響制作がAUDIO PLANNING U（APU）で、音響監督の浦上靖夫さんに拾っていただいた感じです。『Vガンダム』の主人公ウッソは青二《あおに》プロの阪口大助くん（『銀魂《ぎんたま》』志村新八など）だったのですが、そこで青二のマネージャーさんと仲良くなって、青二プロの仕切りでやっていた『蒼き伝説 シュート！』（'93 西尾大介シリーズディレクター）に馬堀圭吾役で出ることになりました。『Vガンダム』の後番組だった『機動武闘伝Gガンダム』（'94 今川泰宏総監督）は同じAPUつながりで、そのプロデューサーだった南雅彦さん（現・制作会社ボンズの代表取締役）つながりで『天空のエスカフローネ』（'96 赤根和樹監督）の亡国の若き王、バァン役を演じることになりました。

――縁が縁を呼んでいく感じですね。『Gガンダム』のドモン・カッシュは初主役ですが、いかがでしたか？

最初はひとりきりでやっていました。緊張していることもあったのですが、輪に入れない感じで端っこに座って孤立していましたね。監督の今川さんに、ヒロインであるレイン役の天野由梨《ゆり》さん（『無責任艦長タイラー』ユリコ・スターなど）の隣に座れと言われ、言われるままに座ったりして。でも、その孤立した感じがドモンの状況にも合っていたかな、と。なので、やりやすいと言えばやりやすかったです。

――「ドモンに近づけた」と思った瞬間はありましたか？

それは最終回あたりでありました。「そろそろ慣れてきたのに終わっちゃうな」という感じで。最終回は最後にレインに告白をする長い描写があったのですが、そこまでの過程で力が入りすぎてしまって、その台詞はボロボロで結局録り直しをすることになり……。それでツギハギだらけでOKをいただいたのですが、心残りだったので終わったあとに「もう一度挑戦させてもらえないか」とお願いして、もう1回やらせていただいたんです。で、終わったあとの打ち上げで、そのことで「結局お前はプロになれ

なかった」みたいな感じで怒られました。

——それはなぜですか？

「録り直さなければ酷いものになっていたから、録り直してよかった。でも、本番の重さをわかっていない」と言われました。「やり直せちゃうんだったら本番の意味がないだろう」という感じで怒られて、そのまま打ち上げをしていた記憶があります。

——そういう意味だったんですね。

とても愛情深く育てていただいたのですが、皆さん熱かったので打ち上げでもお芝居の話とかを結構されていました。先輩たちにもだいぶイジられましたし、後輩らしい1年間を過ごしました。その打ち上げになぜか庵野（秀明）さんがいらして、「『（新世紀）エヴァンゲリオン』をよろしくね」と言われた記憶があります。そのときは何も知らなかったのですが。

——著書では碇《いかり》シンジ役でオーディションを受けて、クラスメイトの鈴原トウジ役になったと書かれていました。

そうなんです。最近になってようやく知ったのですが、僕はシンジの有力候補だったそうですが、最後のほうで緒方（恵美《めぐみ》）さん（『幽☆遊☆白書』蔵馬《くらま》など）になったそうです。でも、『エヴァ』がこれほど長く続くとは思いませんでした。シンジ役だったとしても、もう少年役はできないと思います。

——90年代の出演作を見ると、比較的線の細めな役が多いですね。

そうですね。BLのCDでも〝受け〟が多かったです。もともと、子供の頃から声が高かったんです。でも、どちらかと言うと男っぽいキャラをやりたい気持ちがあったので、低くなるように、音色にもっと厚みを出したいと思って、そればかり研究していました。そうしたら、だんだんそういう役がくるよ

うになって。あと、仕事量がとても多かった時期は、可愛い役で高いところを意識して演じていると、どうしても喉が荒れてくるのが大変でした。そうやって喉の負担を感じているところに、また可愛い役がくると、その役を演じられるうれしさとは別に「ちゃんとできるかな」という不安がつきまとうことになって、それが結構ストレスになっていました。最近は比較的、年相応の役を演じているのでそのストレスからは解放されましたね。『ドラえもん』('05 楠葉宏三総監督ほか／スネ夫）と『妖怪ウォッチ』('14 ウシロシンジ監督／ウィスパー）は特殊ですけど。

スネ夫を引き継ぐ

――ちょうどタイトルが出たので『妖怪ウォッチ』で人気の妖怪執事ウィスパーについて聞かせてください。ウィスパーはオーディションだったのでしょうか？

いいえ、オーディションはありませんでした。ゲームの収録が先です。

――ゲームのときから、あんな個性的なしゃべり方だったのでしょうか？

ゲームのときは、どちらかと言うと低めの声色で、可愛いのに声は渋いという出落ち的な方向でした。それがアニメになって、表情がかなり生き生きと変化するようになったんです。そこで、ゲームの出落ち的な感じでは対応できないということで、演出が加わって「いろいろな音色に変化してほしい」というリクエストが出てきました。それでひとつの台詞の中に、低めなところから高いところまで織りまぜるみたいな、そんな演じ方になったんです。シリーズも長くなって、僕が入れたアドリブがウィスパーの口調として台本に書かれていることも増えてきたので、そういうのはうれしいですね。キャラクター造形に参加できた気分です。

──『妖怪ウォッチ』は瞬《また》く間に大人気になりましたね。

最初は絶対に人気は出ないと思っていました（笑）。でも、初収録の日にレベルファイブ（ゲーム『妖怪ウォッチ』制作）の日野（晃博）社長が『ドラえもん』のような長く愛される作品にしたい」とおっしゃっていて、「頑張ってその力になれたらいいな」と思った記憶はあります。

──関さんは、その『ドラえもん』にも2005年から出演しています。

もともと学生の頃からスネ夫役の肝付《きもつき》（兼太《かねた》）さんのモノマネをしていたんです。しかも『ドラえもん』メインキャラ5人の中ではスネ夫の立ち位置が一番楽しそうだと思っていて。だから、いずれキャスト交代があるのなら挑戦できたらいいなと。そしていざ世代交代となったときに、願い通りスネ夫のオーディションを受けさせていただいて、選ばれたので、自分的には夢が叶ったという感じでした。

──世間の中でイメージが出来上がっているスネ夫というキャラクターを受け継ぐ上で意識したことはありますか？

そこは実はあまり考えていませんでした。ドラえもんとかのび太くんならメインなので、矢面《やおもて》に立たざるを得なかったと思います。それと比べると、スネ夫は立ち位置が一段下がったところにあるので、意外と気楽でした。もちろん、肝付さんのスネ夫に対するリスペクトはあるので、真似できる部分は真似したいと思いましたが、同時にそれだけでは捉えられない部分もあるので、必然的に自分らしさも出ているはずです。あと、リニューアルしたときに、キャラクターデザインも修正があって身長が以前より低くなったんです。その絵に合わせて、可愛い雰囲気もちょっと足していこうというのも、演じるときの糸口になりました。

──肝付さんのスネ夫のどのあたりを意識したのですか？

笑い方や自慢しているときの口調などです。自分の中で印象深かったしゃべり口調を少し下敷きにさせていただきました。

――先輩が演じていた役を引き継ぐという意味では、『仮面ライダー』シリーズのショッカーの首領もそうですよね。納谷悟朗《なやごろう》さん（『ルパン三世』銭形警部など）が演じていた役でした。

実は納谷さんも、学生時代にモノマネをしていたことがあったんです。それでスピンオフ作品（『ネット版 仮面ライダー×スーパー戦隊×宇宙刑事 スーパーヒーロー大戦乙！―Heroo! 知恵袋―あなたのお悩み解決します！』）に別役で出演させていただいたときに、脚本にショッカーの首領が登場していたのですが、直感的にこのためにわざわざ納谷さんを呼ぶことはないだろうなと思って。そこで「ご本人がもしやられないのであれば、兼ね役（出演作で担当役以外の役を演じること）でやらせてもらえないですか？」と申し出たんです。そして収録の日、スタジオに向かう車の中で納谷さんが亡くなったというニュースを知りました。だから勝手に縁を感じながら演じさせていただきました。

――モノマネというお話が出てきましたが、モノマネはお好きなのでしょうか？

学生時代はよくやっていましたね。好きなものを真似することが多くて、アニメや特撮を問わず、モノマネ芸人さんがやっているのを真似するみたいなノリで、田原俊彦さんのモノマネとかもやっていました。ただ、似ているもの・似ていないものいろいろです。その中でも肝付さんと納谷さんは、特に似ているほうだったんです。

「お前はいつも70点の芝居ばかりする」

――そうだったんですね。少し時間を戻して『Gガンダム』のあとの『天空のエスカフローネ』の

お話を聞かせてください。プロデューサーだった南さんつながりで参加することになったということでしたが。

バァン役は最初子役を考えていたそうです。それで子役のオーディションを何度もやったあとに僕が呼ばれて、オーディションを受けました。南さんはちょっといじわるな学校の先輩というか兄貴分みたいな感じで、バァンに決まったあとも「別にお前がよかったわけではなく、他にいいやつがいなかったからお前にしただけだ」みたいな〝可愛いがり〟は受けました（笑）。そんなことわざわざ言う必要ありますか？（笑）

――そうですね（笑）。

だからというわけでもないのですが『エスカフローネ』は苦労しました。音響監督の若林（和弘）さんに呼ばれて「お前はいつも70点の芝居ばかりする」と怒られたりもしたんです。「100点か0点かどちらかにしてくれ。70点の芝居をされたら直しようがない」って。でも、そうしようと思ってやっているわけではないので、結構悩みました。それで登校拒否的な気分になったりして。もちろん、休むことはないのですが「また『エスカフローネ』だ。行きたくないなぁ」という気分になったり。

でも今思うと、そういうところも含めてバァンという役の気分に合っているんですよ。当時、相手役の神崎ひとみを演じていた坂本真綾《まあや》ちゃん（『黒執事』シエル・ファントムハイヴなど）はリアルな高校生で、役柄と年齢が合っていたのに対して、僕は高校生くらいの役を20歳を超えていたときに演じたので、彼女のナチュラルな演技にどうしても劣等感がありました。でも、バァンもアレンという三木（眞一郎）さん（『機動戦士ガンダム00《ダブルオー》』ロックオン・ストラトスなど）がやっている役に劣等感を持って、王に相応しくないということで悩んでいるわけで。そういうところに追い込まれていたのかなと思います。

――「70点の演技」とはどういうものなのでしょうか？

うーん、小器用だったので、きっと表面を取り繕いやすかったんでしょうね。それは課題に感じていて。だから、「芝居を崩したい」みたいなことばかりを考えてやっていました。本当は、シンプルに相手に話すということが初歩であり、奥義であるわけなのですが、それがおろそかになっていたのかなと。アフレコって、いろいろなことを気にしながらやらなくてはいけないんです。そこで意識が散漫になりすぎて、さらに表現しないといけないという強迫観念ばかりが加わって、根っこの部分がぼやけてしまっていたように思います。舞台などでは身体全体を使って雰囲気を作ることができますが、アニメの場合、それを台詞に凝縮しなければいけない。そう思って演じすぎてしまうというか、それが過剰になっていくと雰囲気だけになっていって……。今思うと、そういうことだったのかな、と。

――舞台との違いが出ましたが、関さんは１９９６年から自ら座長として劇団「ヘロヘロＱカムパニー」もやっています。声の仕事に加え、そういう場所を持つことが関さんにとってやはり重要なのでしょうか？

大事ですね。いい年をして、ケンカをしながらもの作りをしているので、いまだに学園祭が続いているみたいな感じです。現場では時間も限られているので、あまり踏み込んだ話はできないのですが、舞台になると練習後にお酒が入って我の押しつけ合いになったりして、叩きのめされたりしますからね。叩きのめされて、30代後半になっても先輩に泣かされて帰ったこともあります。舞台では、裸にならざるをえない状況が出てくるんです。それが声の仕事の助けになる、というか、自分の中の何かを発掘させてくれる機会になっています。器用だったということが武器にもなったし、トラウマにもなったので、そこから逃れるために日々、舞台で自分をいじめるというのが、たどり着いた現状の方法みたいなとこ

ろがあります。これからどうなるかはわかりませんが、僕にとっては声の仕事と舞台という両輪がそろってやってこれたことが、とてもよかったです。

――両輪があることで頑張れるんですね。

僕は完全にそういう感じです。

ごっこ遊びをしている感覚で演じる

――ここからはさまざまなキャラクターについて聞かせてください。90年代後半だと『無限のリヴァイアス』（'99 谷口悟朗監督）の尾瀬イクミも重い役だったのではないでしょうか？

『リヴァイアス』も音響監督が浦上さんだったんです。浦上さんは、業界に入りたてのときのお父さんみたいな存在で、この作品でも怖かったです。実はこのとき、僕は全編抜き録りで、ひとりで録っていたんです。だから集中的にチェックが入って、何度もやり直しをして毎回疲弊していました。イクミという役も、女の子への愛が歪《ゆが》んでいて、最後は宗教家みたいになるというなかなかハードな役柄で。でも、閉鎖された中での人間関係が濃密に描かれていた作品で、演じていて本当に楽しくて、いまだに思い出します。初期の中では、とても大事な作品です。

――特撮に思い入れのある関さんが『人造人間キカイダー THE ANIMATION』（'00 岡村天斎監督）でジロー（キカイダー）役を演じたのも、ファンとしてはニヤリとしたくなる構図でした。

『キカイダー』は特撮番組のほうも見ていましたが、印象としては原作の2巻のほうが鮮烈だったんです。子供の頃にその面白さに惹かれて、原作がそのまま映像化されればいいなとずっと思っていて。そうしたら、僕が声優を始めて少しして『キカイダー』の企画が持ち上がって。僕はそれまでにもあちこ

ちで『『キカイダー』がアニメになったらいいな」と語っていたので、巡り巡って石森プロさんから連絡をいただいたんです。石森プロさんとは、その前に『ボイスラッガー』（'99、深夜枠で放送された声優が主要キャストを務める特撮ヒーロー番組）でお世話になっていたので、「『キカイダー』が好きだと言っていたけれど、ジローをやりませんか？」と直接連絡がありました。ただ、当時演じていた他の役からして、自分はイチロー（キカイダーより先に開発された〝兄〟で、キカイダー01に変身する）だと思っていたんです。だから最初はナイーブなジローをちゃんと演じられるかな、と感じました。

――演じてみていかがでしたか？

面白かったです。難しかったのは戦うときの掛け声ですね。仮面ライダーは「トウッ！」と言うじゃないですか？「トウッ！」以外で格好いい言い方を考えろと言われたんです。アニメ的な息を使ったアドリブではなく、特撮ヒーローの延長線上にあるものを考えろ、と。アフレコ演出が井上和彦さん（本書第I部）で、ヒーロー役の先輩に「もっと格好よく」と言われるプレッシャーを感じながらやっていました。

――最近のファンだと『Fate』シリーズのギルガメッシュ、『昭和元禄落語心中』（'16　畠山守監督）の与太郎（三代目助六）も印象的だったと思います。

ギルガメッシュは尊大なキャラクターなんです。2006年に初めて『Fate/stay night』がアニメ化されたときの音響監督は辻谷耕史《つじたにこうじ》さんだったのですが、イメージとしては「ギリシャとかの野外劇場で星空を背負って演劇しているみたいな感じでやってほしい」と言われたのはとても印象に残っています。

――スケールの大きさということですね。

はい。両腕を最大限に広げて、空気を受け止めてしゃべるみたいな感じが求められているんだな、と。

ギルガメッシュはバトルもありますが、台詞のやり取りが結構多いので、そこをなるべくウソのないようにしたいと思って。どの言葉を立てることがそのときのギルガメッシュらしいのか、そうやって会話を楽しみました。あとは尊大なので全員虫ケラだと思って（笑）。

――『昭和元禄落語心中』も音響監督は辻谷さんですね。

そうですね。僕はオーディションがなかったので、八雲《やくも》と助六のバランスを見て決まったのかなと思います。あとで聞くと、昭和の空気感を持っている人でやりたいということは決まっていたそうです。落語シーンはやはり大変で。最初は真打ちになる前だったので、頑張っていればよかったんです。先代助六役の山寺《やまでら》宏一さん（『カウボーイビバップ』スパイク・スピーゲルなど）と八代目八雲役の石田彰さん（『新世紀エヴァンゲリオン』渚カヲルなど）はもともとかなりの落語好きですけれど、僕はその前にたまたま縁があって落語をちょっとかじっただけの人間なので、そこは役柄に合っているといえば合っていたわけですが。だから後半、名人になってからは大変でした。……僕の中では『落語心中』は『のだめカンタービレ』（'07　カサヰケンイチ監督ほか／千秋真一《ちあきしんいち》）とつながっているんですよ。

――それはどういうことでしょうか？

表面的な部分は違いますが、我々のやっているお芝居とも共通点が多いと思ったんです。何かを修業していく過程において、ぶつかる障害が多少似ている部分があったので『のだめ』と『落語心中』は感情移入しやすかったです。自分の経験したことをプレイバックしているような気持ちになって、演じながら感動していました。『のだめ』は目標を目指して伸びていく物語で、一方で『落語心中』は人生の終焉を見据えるようなところがあり。その年代に合わせて共感を得られるものを演じられたのはよかったです。

――新しい作品でいうと『カードキャプターさくら』の「クリアカード編」（'18 浅香守生《あさかもりお》監督）と『フルメタル・パニック!』の「Invisible Victory」（'18 中山勝一《かついち》監督）が改めて制作されます。『カードキャプターさくら』はまだ収録が始まったばかりです。『フルメタル・パニック!』も今まさに収録中ですが、最初のシリーズから15年ですよね……。相良宗介《さがらそうすけ》は、15年前の僕が高校生を意識してちょっと若く演じることで、10代だけどずっと戦場に身をおいてきたという、彼の複雑なバックグラウンドとうまく合う役だったんです。でも、僕がだいぶ大人になってしまったので、今の自分がどう演じたら宗介になるのかというところでかなり苦労しました。そういうのって声色だけ変えても、演じていて気持ち悪いんです。

――声色の問題ではないと。

結果論として、声色も関わってくるとは思うんです。でも、そこに意識を持っていってしまうと、芝居ではなくなってしまうので。それで周囲に相談した結果、周囲の役者さんを全員、自分よりずっと年上の60代くらいの世代だと思ってやってみようと（笑）。そういう風に意識を変えると、必然的に何かが変わってくるんです。そういう意識を持ちながら、今の自分で宗介を宗介らしく演じています。

――ギルガメッシュのときの「全員を虫けらだと思う」のと同じ発想ですね。そういう風に「自分がその環境にいる」と思うことは、トレーニングを積むとできるようになるものなのでしょうか?

どういう風に言えばいいかな……。僕の感覚では、ごっこ遊びをしているような感じなんです。例えば、どこかに行ったときの空気感とか、そこで何か際立ったものを感じたときのことを覚えておいて、それを何となく自分の中でリプレイしている気分です。

——シチュエーションに対する引き出しを自分の中に用意しておいて、それを使うわけですね。

別に何か近いものであれば、全く同じでなくてもいいんです。例えば、VR（バーチャル・リアリティ）のゲームで遊んでいて、映像外の部分を想像力で補う感じと言えばいいですかね。僕の場合、意外と風とか足の裏の感じがトリガーになりやすいです。どんな風が自分に当たっている場所なのかとか、足の裏が接している地面に何がどう触れているのか。そういうところから気分が入ります。

加齢は武器になる

——声の仕事で年齢を重ねていくことのプラスとマイナスがあると思いますが、そこはどのように捉えていますか？

他の方はわかりませんが、僕は何でもやるという方針で、レッテルを貼られないようにして、なるべくブルーオーシャン（競合相手のいない未開拓市場）を目指していこうという心構えでやっています。そういう意味では、年齢感を重ねて等身大のものに価値が出るようにスキルアップしていって、そっちでも戦わせてもらえるように自分が常に変わっていかなければいけないと感じています。こういう仕事は、どうしても今までやってきたことを求められるし、自分も「今までこれをやってきたんだ」というところにすがる部分がある。もちろん、求められれば全力で応えるのは当然ですが、「ここは俺の居場所だ」とは決めずに、自分で居場所を探して移動していかないとダメだと思って。それには加齢は武器になる、と。

——演じたキャラクターでブルーオーシャンだなと思ったキャラクターを挙げるとすると何になりますか？

例えば、最初にお話したスネ夫やウィスパーといったキャラクターはそうです。彼らは、キャラクタ

ーを作って演じているので、そういう意味であまり年齢感と関係ないんです。あと『PSYCHO−PASS』（'12 本広克行総監督）の狡噛《こうがみ》慎也。個人的には昔の刑事ドラマが好きだったので、オーディションの話がきたときに参加したいと思って受けました。ハイターゲット向けの作品の中でもかなり大人っぽい主人公で、できることならこれからも演じていきたいと思っているキャラクターです。それとあまりやったことのないような役だった『STEINS;GATE』（'11 佐藤卓哉、浜崎博嗣監督）の橋田至《いたる》。あそこから、ああいう感じのオタクっぽい雰囲気のものを求められることが増えました。

——確かに『STEINS;GATE』の橋田至は、インパクトのあるキャラクターでした。

オーディションはなかったと思うのですが、あのキャラクター表が送られてきて、「この役なんですが、やっていただけますか？」みたいな断りを入れられたことを覚えています。

——あの口調はどこから出てきたのですか？

僕の先入観です（笑）。太ったオタクの人ってこういう風にしゃべるだろう、と。だから演じていてやりすぎになってしまいがちで、よく「もうちょっと普通に」と戻されました。そういう意味では効率が悪い感じで。だからシリーズの中でも結構バラつきがあるんです。中盤ぐらいまでは僕がかなり自由にやっていたのですが「そもそも、痩せればすごく美形という設定もあるのであまり崩さないでほしい」と言われまして（笑）。後半は若干おとなしくなりました。

——加齢は武器になる、というお話もありましたが、周囲に「あの人が頑張っているから自分も頑張れる」というような形で意識している方はいますか？

うーん……。これも勝田声優学院につながってくるのですが、僕よりも水鳥さんに親しい位置に高木渉さん（『機動新世紀ガンダムX』ガロード・ランなど）がいるんです。3年先輩で、養成所でも顔を合わせたこ

とがある人で。渉さんはそんな感じで、ちょっとずつ僕らの先を歩いてくれる方なんです。そういうところは憧れでもあり、感謝の気持ちを感じるというか、いてくれてよかったと思う先輩のひとりです。

――そこでもやはり勝田声優学院が出てくるわけですね。

はい。あとちょっと変な話なんですが、僕、死に対しての恐怖感があって……。毎日そう思うわけではないのですが、寝るときにたまに「いずれ死ぬんだよな……」と思うと、そこから逃れられないことにだんだん不安になるわけです。どう頑張ったって最後はそこなんだと思うと……。でも、そこを落ち着かせてくれるのは、長沢美樹ちゃん（『新世紀エヴァンゲリオン』伊吹マヤなど）とか一緒にお芝居をやっていた小西君（克幸、『天元突破グレンラガン』カミナなど）とかなんです。あのふたりもどうせ死ぬと思うと、ちょっと落ち着くみたいな（笑）。だから、不安になると知っている人を思い浮かべて「あいつも死ぬ、あいつも死ぬ……」と思うと、ちょっと楽になります（笑）。そういう感じで引き合いに出す知り合いも「いてくれてよかった」ですね（笑）。

――そういう距離感の「いてくれてよかった」もあると（笑）。

そうなんです（笑）。

平田広明

嫌になるまでリハをするのが正解

ひらた・ひろあき
ひらたプロダクションジャパン代表取締役。吹き替えでは**『パイレーツ・オブ・カリビアン』**シリーズ（ジャック・スパロウ）、**『ER緊急救命室』**（ジョン・トルーマン・カーター）などが代表作。主なアニメの出演作に**『ONE PIECE』**（サンジ）、**『最遊記』**（沙悟浄）、**『宇宙兄弟』**（南波《なんば》六太《むつた》）、**『TIGER & BUNNY』**（鏑木《かぶらぎ》・T・虎徹《こてつ》）、**『怪～ayakashi～「四谷怪談」』**（民谷《たみや》伊《い》右衛門《えもん》）、**『BLACK LAGOON』**（ベニー）、**『怪談レストラン』**（お化けギャルソン）、**『WXⅢ 機動警察パトレイバー』**（秦《はた》真一郎）などがある。

『Febri』Vol.50（2018年8月）掲載

台詞を伸ばして帳尻を合わせる難しさ

――『B: The Beginning』（'18 中澤一登《かずと》、山川吉樹監督）の第2期配信が発表されていました（2018年）。Netflix配信らしく、海外ドラマの雰囲気があるシリーズでしたね。

そうですね、と簡単に答えていいのか……。皆さんそれぞれ、違った海外ドラマのイメージをお持ちでしょうから。でも、僕もそういう印象は持っています。

――森川智之さん（本書第II部）演じるギルバートと平田さん演じるキースが対峙するシーンは見ごたえがありました。

あそこは、ほぼ森川さんの仕事ですね。僕はそんなにしゃべっていなかった気がします。ただ、そういう世代なのかわかりませんが、丁々発止の台詞の応酬に燃えるというか、やりがいは感じますね。

――キースは基本的に感情を抑えたお芝居が多かったですよね。こういうシーンは、ストレートに感情を表現するときよりも難しかったりするのでしょうか？

うーん、どっちなんでしょう？　単純に言うと難しいんだろうとは思います。僕もキースの全てを知っているわけではないので、映像で描かれている場面と出演していない場面、その点と点を推測でつないでいかなくてはならない。でも、キースはやりやすかったです。設定も、中澤監督の説明もわかりやすかった。

――設定はどういうところがわかりやすかったですか？

新人捜査官のリリィ（声・瀬戸麻沙美《あさみ》）以外は、キースを取り巻く人間関係ができあがっているんです。キースの言いそうなこと、やりそうなことを周りのみんなが知っている。逆にキースもそれがわかって

いる。阿吽《あうん》の呼吸みたいな関係性があるから、どんな芝居が求められているのかを拾いやすかったです。あと、何よりフルカラーの完成された絵が100パーセント入っていたのが大きかった。

――絵が完全に入っていたのですか？　最近だと珍しいですね。

そうなんです。だから「こんな意図があるからこの表情になって、彼の抱えているバックボーンがこんな感じに浮き上がるのか」という風に理解しやすかったです。どの演技が〝当たり〟なんだろうと憶測しながら演じなければならない難しさは、なかった気がします。やらなきゃならないことがスッと見えた。ただ、100パーセントの絵が入っているとタイミングを完璧に合わせないといけないという緊張感はありますね。どれもちゃんと感情に合った口パクにはなっているのですが、どうしてもズレるところは出てしまう。

一般論ですが、分量の多い台詞を短い口パクの間に早口でぶっこむというのはなんとかなるものなんです。皆さんそうだと思います。でも、口パクが余ったときに、台詞を伸ばして帳尻を合わせるいうのは結構、難しい。台詞を伸ばして言うということは、いろいろなところに間ができて「嫌味ったらしく言っている」とか「本心は別のことを考えている」とか、本来の台詞にはない余計なメッセージが乗ってきちゃうんです。そうならないように「ここはちょっと逡巡を入れてもいいかな」なんてやっていくのですが、それでも「コレ、絶対無理……！」ということもあるんですよ。

――そういうときはどうするのでしょうか？

『B』の場合も一度か二度そういう口パクがあったのですが、そのときは中澤監督が「ご自由にやってください」と。100パーセント完成していた絵を僕の台詞に合わせて修正してくださいました。

ゆるい気持ちで劇団昴へ

——それはすごいですね。では、ここからはキャリアについて質問させてください。もともと、アニメのお仕事よりも先に吹き替えをやっていましたね。

そうです。マネージャーに「吹き替えに興味はあるか」と聞かれて、「はい」と。

——もともと吹き替えをやってみたいと思っていたのでしょうか？

「やってみたい」というほど積極的ではありませんでした。当時、僕が所属していた劇団昴には、小池朝雄さん（ピーター・フォークの吹き替えなど）や土井美加さん（『超時空要塞マクロス』早瀬未沙など）がいらっしゃって、声の仕事も充実している劇団だったので、声をかけてくれたのだと思います。そもそも、僕は中学生のときに『刑事コロンボ』の小池さんの吹き替えを見て、大ハマりしていたんです。後に原音でピーター・フォーク本人の『コロンボ』を見たときに「似てない！」と思ったくらいで。

——（笑）。小池さんがいたから劇団昴を選んだのですか？

いいえ、それは偶然です。あちこちでお話ししていますが、僕は高校3年生になっても、まったく将来のことを考えていなかったんです。進路面談のときに「何もない」というと、担任の先生から「何もないじゃダメなんだよ。俺の成績にかかわるから、落ちても滑ってもいいから何か出せ」と言われて。担任は国語科の先生だったのですが、同じ科のおばあちゃん先生からアドバイスを受けたらしく、「福田恆《つね》存《あり》（評論家・劇作家。劇団昴を結成した）って知っているか？　劇団昴って知っているか？」と迫ってきて、「何も希望がないならそこを受けろ」と。

——お芝居に興味はあったのでしょうか？

特になかったです。だから先生の成績のために受けたんです。

――演劇の世界に飛び込んでみていかがでしたか？　そういう状況だと同期はもっとモチベーションが高い人が多かったのでは？

みんな、モチベーションは高かったですね。僕は新劇というジャンルも何も知らないまま、ひょうきんで目立ちたがり屋というそのままのノリでいってしまいました。「劇団？　芸能界？　芸能人？　有名人？　いいじゃないか」みたいなゆるい考え方で。でも、そんな浮《うわ》ついたことを考えているなら、新劇は一番選んではいけないジャンル。親の反対を押し切って田舎から上京して、一旦働いて授業料をためてからやってきたなんて人も多くて、同期と言っても年上の人ばかりでした。「なんで入ったのか」と聞かれて、正直に言ったら「ふざけんなよ！」と言われたこともありました。みんな新劇に燃えていましたから。でも、燃えている人は辞めていくのも早かったです。「自分が求めていたものと違う！」と言って燃えながら辞めていくのですが、僕は何が違うのかも全然わかりませんでした。

――モチベーションが高くない分、挫折しづらかったんですね。

見るもの、聞くもの全てが面白かったです。「緞帳《どんちょう》はこうやって下ろすのか」「こうやって台詞を言うのか」と興味深いことばかりで。

――実は、僕は高校時代の演劇教室で、劇団昴の舞台『真夏の夜の夢』を見ているんです。僕のデビュー作ですね。

――だそうですね。あとで知って驚きました。

静岡県藤枝市あたりを皮切りに、１００ステージ以上やりました。僕は近衛兵役で第3幕の30分間、ずっと松明《たいまつ》を持って直立不動なんですよ。先輩から「何があっても動くな。近衛兵なんだから、目の前

で殿様が刺されても動くな」と。「嘘でしょ?」と思いましたけど。劇団に入る前の研修生のときは、2年先輩でさえ神様みたいな存在だったんです。それが舞台に立つことになったら、久米明さん(『クラッシャージョウ』クラッシャーダンなど)をはじめ、大御所がいっぱいいらっしゃる状況で、緊張しながらも「これが劇団なんだ……」と。旅公演だと仕込みやバラシ(舞台セットの解体)もやるし、俳優としてだけというよりも「劇団で芝居を作るというのはこういうことなのか」という楽しみを感じた初舞台でした。

ゼロから声や芝居を作り上げる怖さ

――そうして舞台をやりながら、吹き替えのお仕事も始めることになったわけですね。最初の仕事は覚えていますか?

仕事じゃないのですが……最初にマネージャーから声をかけられたのがオーディションの話だったんです。それが映画『7月4日に生まれて』('89)のトム・クルーズの役でした。

――いきなりですね。

「何を考えているんだ」と。多分、それは穏当に鈴置洋孝《すずおきひろたか》さん(『機動戦士ガンダム』ブライト・ノアなど)が担当されたんだと思います。僕はツルッと落っこちちゃって。ただ、そのときのディレクターが深夜枠で流れるオムニバス作品の吹き替えに呼んでくれたんです。これが初仕事です。僕が演じたのは、まだ若い絵画のブローカーで手下がふたり。なんと大塚芳忠さん(『ゴールデンカムイ』鶴見中尉など)と辻親八《しんぱち》さん(『FAIRY TAIL』マカロフ・ドレアーなど)が、ド新人の僕の手下役という状況でした。僕が「お前らわかったな!」とペナッペナの声で言うと、ベテランのおふたりがすごく貫禄のある声で「へい、わかりやした」と。そういう感じのデビューでした。

――吹き替えをやってみていかがでしたか？

難しかったですね。当時は自分では勝手に小器用なほうだと錯覚していたんです。制約がある中で何かをやるのは向いているんじゃないかと。とんでもない話でした。本人はそのつもりでお芝居をやっているのですが、オンエアを見たらそれが微塵も出ていない。吹き替え云々以前に、根本的に芝居が下手ということでしょうね。全然なっていなかった。しかも、最初の頃は切れ目なくお仕事をいただくというわけではなく、1回行ったら3カ月空いて、また行ったら半年空いて……という具合で、現場の怖さだけを覚えて、非常に閉鎖的な気分になりました。レギュラー番組にゲストで呼ばれると、その場になじんでいるわけではないので、演じていても「こいつは誰だ？　という目でみんなが見ているんじゃないか」というような気持ちにばかりなるんです。20代半ばで『ビバリーヒルズ青春白書』をやっていた頃の話ですね。

――それが変化してきたのはいつ頃ですか？

レギュラーをいただけるようになってからですね。『青春！　カリブ海』（NHK総合で93年に放送）という作品で、大塚明夫さん（『ブラック・ジャック』ブラック・ジャックなど）や井上喜久子ちゃん（『ああっ女神さまっ』ベルダンディーなど）や駒塚由衣さん（シガニー・ウィーバーの吹き替えなど）などいろいろな先輩方に顔と名前を覚えてもらって、それでようやくスタジオが怖くなくなりました。

――アニメに出演することになったのはどういうきっかけだったのでしょうか？

2作目の劇場版『ろくでなしBLUES 1993』（'93　角銅《かくどう》博之監督）という作品が最初です。「今まであまりアニメなどをやっていない人間にも声をかけてみよう」とキャスティングの枠を広げたらしく、オーディションのお誘いがきたんです。僕は連載で原作の『ろくでなしBLUES』をチラチラ読んでいました

から「（主人公の）前田太尊《たいそん》は俺じゃないよなぁ」と思いつつも、東映アニメーション（当時・東映動画）さんとは初めてだし、ご挨拶だけでもとオーディションを受けてみたんです。

――オーディションはどんな感じでしたか？

台本はペラ2枚で、映画冒頭のスクーターをぶっ飛ばして首都高の料金所で「ツケといてくれぇ！」と叫ぶシーンなど、いくつか台詞が書いてありました。無理して太尊をやっているうちに声が潰れてしまったのですが、それで「合格！」と。「ペラ2枚で喉が潰れてしまうんだから、映画1本なんて無理っ！」という感じでした。ただ、幸い太尊は寡黙でシャイなところもありますから、平田でも何とかいけるだろうと思ってくれたのかなと思います。東映アニメーションさんとしても冒険だったと思います。

――そう考えると『ONE PIECE』（'99　宇田鋼之介シリーズディレクターほか）に至るまで、東映アニメーション作品にはポイントポイントで出演しているんですね。

そうなんです。『ろくでなしBLUES 1993』のあと、いくつかの作品のゲストを経て、劇場版『金田一少年の事件簿』（'96　西尾大介監督）で、主要人物である能条光三郎《のうじょうこうざぶろう》をやらせていただきました。そのときのプロデューサーのつながりでテレビシリーズの『金田一』でも役をもらい、それが今の『ONE PIECE』につながっているんです。別のプロデューサーから声をかけていただいた『デジモンアドベンチャー』（'99　角銅博之シリーズディレクター）のナレーションなども東映アニメーションですしね。

――『金田一』では準レギュラーのルポライター、いつき陽介役が持ち役ですね。そこでちょっとうかがいたいのですが、「露西亜人形殺人事件」（第139話〜第143話）に登場する神明忠治《じんめいただはる》はクレジットが偽名（？）の山口負平になっています。あのエピソードは導入部分でいつき陽介も出ていますが、あれはどういうことだったのでしょうか？

普通は兼ね役（出演作で担当役以外の役を演じること）をやっても、クレジットはメインの役しか出ないじゃないですか。例えば『ONE PIECE』だったら、サンジとカルーがいればサンジしかクレジットされない。でも『金田一』はミステリー作品なので、クレジットに名前が出ていなかったり、兼ね役だってわかってしまうと「ああ、こいつは犯人じゃないぞ」とヒントになってしまうんです。それで、何かしら名前をつけないといけないと言われて。当時は知り合いが多くなかったので劇場版『金田一』で一緒にやっていた（山口）勝平《かっぺい》ちゃん（『名探偵コナン』工藤新一など）に「山口負平という名前を使っていい？」と聞いたら、「いいですよ〜」と。それ以降は、ご本人たちから承諾を得て「小杉十八郎太」とか「松野犬紀」という名前をストックしています。結局、まだデビューしていませんが。

――（笑）。こうして90年代後半からアニメの仕事が増えていきますが、吹き替えとアニメのアフレコはやはり違いましたか？

僕はいまだにアニメのほうが難しいです。吹き替えから来た人でアニメは難しいと言う人は多いと思いますし、逆にアニメから吹き替えに行った人からは「イヤホンを耳につけて、違う音を聞きながらよくできるね」と言われたりもします。多分、最初に覚えたやり方じゃないと、不安に感じるのだと思います。それぞれ別の難しさがありますけど、僕にとっては吹き替えよりもアニメのほうが怖いものがありますね。アニメはまるっきり何もないところから声や芝居を作り上げるんですよね。そこが最初は特に難しかったです。吹き替えは、向こうの演者さんが通った道をいかにたどるかが第一で、その上で文化の違いなども含めたニュアンスをいかに割増していくかということなのですが、それはお手本があってのことですから。

タバコを咥えた女ったらし

——1999年になると『ONE PIECE』、翌年には『幻想魔伝 最遊記』（伊達勇登《はやと》監督）が始まって、平田さんの名前を覚えたアニメファンがぐっと増えたと思います。

ふたつの作品は同時期に始まりました。『ONE PIECE』は『週刊少年ジャンプ』に連載されている全国区の作品だとはわかっていましたけど、『最遊記』はお話をいただくまでよく知りませんでした。でも『最遊記』のファンは、すごく濃いんですよ。2017年にも『最遊記 RELOAD BLAST』（中野英明監督）が久しぶりにアニメ化されてびっくりもしましたけれど、同窓会みたいな感じもあって楽しかったですね。

——沙悟浄というキャラクターは演じてみていかがでしたか？

音響監督が外画《がいが》（外国製の映画・ドラマ）の頃からお世話になっている髙桑一《たかくわはじめ》さんだったので、すごく相談しやすかったです。彼のサゼスチョンでイメージを作るということを、外画のときからずっとやっていましたから。作品的にも、演じる上でキャラクターの背負っているものが常に必要というわけではなく、むしろ水戸黄門御一行みたいな感じで。沙悟浄であればポジションは「スケコマシでナルシスト」といった風に、一緒に旅をするメインの4人（玄奘三蔵、孫悟空、沙悟浄、猪八戒）の中で役割分担がきっちりとできているんです。だから、その枠組の中で他のキャストとバランスをとりながら、抑えるところは抑える、振り切ったほうがいいところはもっと振り切っていくという、アニメならではの膨らませ方を、この作品で教わっていきました。

——そういう4人の掛け合いが好きなファンの方は多いと思います。

今回のアニメ化に合わせて、改めて原作を読ませていただいて、やっぱり4人の関係はうまくできているなと。こっちがこう出れば相手はそう来るだろうという、お互いの絶妙なバランスとタイミングと力関係ができあがっているんです。だから、いつもくだらない喧嘩ばかりしているんですよね。そこは『ONE PIECE』にも通ずるところがあります。ゾロとサンジがいがみ合いながらも向かって行く方向は同じだという。信頼関係ができているヤツらは、喧嘩しかやることがないのかなという気もします。

――『ONE PIECE』はオーディションがあったのでしょうか？

オーディションでした。オーディションに先立って、プロデューサーから「すごいアニメを始めるから読んでおいたほうがいいよ」と言われて読みました。最初はゾロのオーディションだったんです。でも、これもツルッと落っこちちゃって。それで第20話から登場するサンジで拾ってもらったという形です。「俺が落ちた……ゾロは誰がやってるんだ！」と思っていたら、中井（和哉）さん（『戦国BASARA』伊達政宗など）で、アニメを見て「ゾロだ……。完璧ゾロじゃねえかよ……」という感じでした。

――サンジは奇しくも沙悟浄と同じく女性好きなキャラクターですね。

タバコを咥《くわ》えた女ったらしは片っ端から俺のところに持ってこい、という感じですかね。でも『ONE PIECE』は難しかったです。ギャグが多いし、サンジは初っ端っから女の人にメロメロしているし、眉毛は巻いているし、不思議なことだらけでした。しかも、テレビと並行してゲームの収録もあったので、まだテレビでは演じていないシーンも演じなくてはいけなかったりして、最初は「とりあえずなんとかやらなきゃ……」という感じでした。

――ギャグは難しいですか？

難しいです。もしかしたら天性の資質もある程度、必要なのかなと思います。真剣にしゃべっている

んだけど、何だか力が抜けちゃう人もいれば、ふざけていないのになんでこんなにおかしな台詞になるんだ、みたいな人もいますし。ギャグは、どうやって落とそうかという邪念が働いた時点でダメなんだと思います。最近は、サンジのやることはエロかシリアスのふたつに絞られてきましたから、だいぶやりやすくはなりましたが、最初は本当にわかりませんでした。そのあたりは場数を経て、麦わらの一味のそれぞれのポジションが決まってきた結果、やりやすくなったということもあるのかも知れません。

――『ONE PIECE』は今も続く非常に長いシリーズになりました。

物語としては2年しか経ってないんですね。19歳だったのが21歳になっただけで。でも、最初から年齢のことはあまり気にしないでやっていたので、違和感はありません。なので、長くやっているから特に大変ということもないんです。劇団だと、再演を含め3〜4年は同じ芝居をやったりするので、僕自身も最初は「毎日同じことをやっていたら飽きるのでは」と思っていたのですが、実際はそうでもないんですよ。同じ演目を繰り返し演じても新しい発見が必ずありますから。だから、話が前に進んでいく物語で、ひとつの役をずっとやれる、その船にずっと乗っていられる、というのはとても幸せなことだと思います。

芝居は相手があってのもの

――2001年にはテレビ初主役の『旋風《かぜ》の用心棒』（伊達勇登監督）が始まります。

監督が『最遊記』の監督もやっていた伊達さんで、音響監督は高桑さんなんです。すごくしゃべらない主人公だったので、大体のゲストから嫌われました。開口一番「何だよお前、全然しゃべってないじゃないか！」と、（石塚）運昇《うんしょう》さん（『カウボーイビバップ』ジェット・ブラックなど）に文句を言われたりして。

「俺が書いた本じゃないからしょうがないでしょう」って。

――逆に、台詞が多いキャラクターというと『魍魎《もうりょう》の匣《はこ》』（'08 中村亮介監督）の古本屋にして拝み屋の京極堂（中禅寺秋彦）がいます。台詞が少ないと勝負ができるところが少なくて大変でしょうし、多いのは多いで大変でしょうし。

いや、台詞というのは、勝負するところではないと思うので、僕はどこにいっても台詞は少なめにというポーズは取っています。確かに、台詞が多いことで感じるやりがいがあります。ただその分、宿題も多いですから。リハに時間がかかったり、リハをやっているうちに欲が出てきたりして、のめり込んでいくので、リハのやめどきが難しいです。口パクが合うかどうか、表情に合った音が出るのか出ないのか。まずそこからリハーサルが始まるのですが、それがひと通りできて、気持ちをもっと乗せられるようになったと思ったときに「これでいいのか……」という欲が出てくるんです。そうすると、今まで組み立ててきたしゃべり方も、ときには感情も全部壊さなくてはいけなくなる。それは面倒くさいです。ただ、それがもしキマればカッコいいじゃないですか？　そう思うと、悩み出しちゃったりするんですよ。

――悩むことはいいことですよね。

確かにいいことです。京極堂のおかげで『B: The Beginning』のキース・風間はそれほど辛くなかったです。「あれをやったんだからこれもできるだろう」という感じ。それくらい京極堂は大変でした。「明日、スタジオがなくなっていないかな……」と真剣に思っていましたから。京極堂の台詞って、感情というより知識なんですよ。共演に森川（智之、榎木津礼二郎役。本書第II部）や浪川（大輔、鳥口守彦役。『君に届け』風早翔太など）がいて、「うんうん、へえ」と聞いてはくれますが、それは台本がそうなっている

から。京極堂の台詞は、彼らの向こう側にいる視聴者に「へえ」と言わせないといけないわけなので、そこが難しいですね。

——宿題は念入りにやるほうですか？

事前に考えるだけ考えていいと思います。「お芝居は相手があってのことだから」ということをちゃんと自覚できてさえいれば、考えるだけ考えたものも、状況に合わせてすぐに捨てられるわけですから。反対に「ここはこうやって言ったらカッコいいから」と台詞の言い方ばかりリハーサルしている人は、現場でも相手の台詞なんて聞いていないので、生きた芝居はできないと思います。「あとは、現場の雰囲気で合わせる」というのは——最終的には僕もそうなりますけど——準備をしなくていい言い訳にもなってしまうんですよね。現場に来て、どうしようかと考えるよりは、できうる限りのことをリハーサルで想定していたほうがいいと思います。それぐらいやってあれば、台詞も頭に入るわけですから、現場で如何様《いかよう》にも対応できますし。基本的には嫌になるまでリハをするのが正解だと思っています。

——その考え方は、舞台をやっていた経験と関係ありますか？

あまりないと思います。むしろ外画を吹き替えた自分をオンエアで見たときに「リハーサル不足はちゃんとわかるんだ」と実感したことが大きいです。下手くそがしゃべっているなと。

——やったらやっただけ、準備したら準備した分だけのものが必ず出る。

そこまでやっても「俺って完璧！」と思うところまでは絶対にいきません。共演者に助けられて、なんとかうまくできたな、という程度です。時間が許す限り、嫌になるまでやるというのは自分に課する教訓です。

——2011年、12年は『TIGER & BUNNY』（さとうけいいち監督）から『宇宙兄弟』（渡辺歩《あゆむ》監督）

と主演作が続きます。『TIGER & BUNNY』は17年にＮＨＫで放送された『発表！あなたが選ぶアニメベスト１００』で1位でした。

数年前のたった25話のシリーズですよ？　ありがたいことです。『TIGER & BUNNY』のファンは『最遊記』のファン同様、とっても熱いんです。

――虎徹《こてつ》の第一印象はどうでしたか？

ドタバタした、勘違い熱血おじさんだなと思いました。そこが愛されるポイントなんだ、と。ストレートな性格で、キャラクターは拾いやすかったですね。しかも、予告のナレーションが面白くて。あれがあったおかげで、キャラクターを楽しくつかむことができた。さとうけいいち監督が虎徹に託したメッセージも明確でわかりやすかったので、演じていて「ここはどういう心境なんだろう」と迷うことはまったくなかったです。それで言うと『宇宙兄弟』の南波《なんば》六太《むった》は難しかったです。

――どのあたりが難しかったのですか？

サンジや虎徹と比べても、非常にリアリティのある人間だったからです。そこら辺にいる普通のあんちゃんみたいだけれど、一生懸命、真面目に生きていて、それでも挫折する。その弱さにみんなが共感するようなキャラクターなんです。だからこそ、その回のお話をただ単に演じるだけではなく、もっと六太の深いところを見続けないといけないんだろうなと思っていました。その深いところに何があるかはわからないんですよ。でも、そうして六太の軸を捕まえないと、他の作品と違って遊びがない、やりすぎてはいけないキャラクターなので、ウソっぽくなってしまうなと思いました。

――『恋は雨上がりのように』（18　渡辺歩監督）の近藤正己《まさみ》も〝普通〟のおじさんでした。

近藤は物語の上でおじさんとして扱われているので、敢えておじさんという要素を無理して乗っける

必要はないと思いました。登場人物の佇《たたず》まいというのは……こしらえるものではないです。その人を取り巻く環境で、周りが「あの人は真面目で誠実な人だ」と思うのであれば、その人は真面目で誠実な人なんです。もちろん「俺はそうじゃない。こうなんだ」と抗う気持ちもその人にあることはあるでしょう。周囲の人から見た〝自分〟という姿があって、それを受け入れるのか、抗うのか。現実の生活もそうですよね？ そういう「受け入れること」と「抗うこと」のさじ加減の中にあって、その中で我々は会話をしているわけで。アニメになったから、お芝居になったからといって、その部分をなくしてしまうと、朗々と気持ちよく台詞を〝歌う〟だけの人になってしまう気がします。

——台詞を〝歌いたくなる〟ということはあるのでしょうか。どうなんでしょう……？ 台詞を歌うのは気持ちのいいことだとは思います。ただ、観客が「台詞が歌うようだったから心が揺さぶられた」と感じているようなときは、実は役者は台詞を歌ってはいないはずなんです。歌っているように聞こえただけで、歌ってはいない。それを、未熟な役者があういう風に歌えばいいんだと思ってしまうと、違ってきてしまうのかな、と。そこが違うと思えるかどうかは大事なところだと思います。

声優学校で、これから声優を目指そうと思っている人たちに、よくたとえで話すのは「酔っ払いのお芝居」です。「酔っ払いのお芝居」というと、みんなベロベロなしゃべり方ですよね。でも、酔っぱらいって、ろれつがまわらなくなっているからこそ、逆にしっかりしゃべろうとしていたりするんですよ。ベロベロに聞こえるからといって、当人がベロベロにしゃべろうとしているわけではないんです。千鳥足もそう。酔っ払いは千鳥足で歩こうとしているのではなく、まっすぐ歩こうとしている人なんです。受け手にそう感じ取ってもらうためには、そのままの状況を再現すればいいということではないという

ことです。

――すると、平田さんが演じているときのキャラクターとの距離感は、どんな感じなのでしょうか？　比較的、引き気味な視点なのではないかと思ったのですが。

本番のときは考えないです。その前のリハーサルのときに、できるだけ遠くから客観的に見ようとする姿勢は取ります。でも、自分のことを客観的に見るのは難しいですし、役について客観的に見ることはできるけど、それを演じている自分のことはなかなか客観的に見られないです。でも、そうしようというのは常に心がけています。難しいですが。

――話が変わりますが、ちょっと変わった役どころだと『リタとナントカ』（'10 高木淳、こづつみPON監督）の犬のナントカは出演作の中でも異色な役柄です。

ナントカは、苦労しました。イメージはあるんです、可愛いナントカがしゃべるイメージ。でも、どうやればイメージした音が出るのか皆目わからない。リタを演じた稲垣鈴夏《りんか》さんは当時5歳くらいだったと思います。そのままの感じでリタを演じていて、それが素晴らしかっただけに「彼女には対抗できない」という気分で。そんな気持ちを表に出さないようにして必死に演じていました。

――『タイムボカン24』（'16 稲垣隆行監督）のツブヤッキーも個性的でした。ヒゲこそありますが、『ヤッターマン』のボヤッキーなどの系列のキャラクターですね。

ツブヤッキーは自由に演じてほしいと言われましたが、自由にやってくれと言われるほど不自由な難しさはない。『タイムボカン』シリーズの最新作なので、ツブヤッキーを見ると、ある程度の年齢以上の方にはボヤッキーなどを演じていた八奈見乗児《やなみじょうじ》さん（『ドラゴンボール』ナレーターなど）の声が聞こえてくるということでもあるんです。でも、自分は八奈見さんではないし、八奈見さんになれるわけでもない。

その上で何をどうすればボヤッキーのイメージを壊さずにツブヤッキーになることができるのか。もうとにかくぶつかっていって出てくる答えを探っていくしかなかったです。他の仲間がキタエリちゃん（喜多村英梨、『魔法少女まどか☆マギカ』美樹さやかなど）とか（三宅）健太（『僕のヒーローアカデミア』オールマイトなど）で、ノリがよくて息が合ったのは助かりました。幸い2クールが2期あったので、最後のほうは楽しみながら演じられるようになりました。

年をとってもピュアでいたい

――キャリアを振り返ってお話を聞いてきましたが、平田さんの恩師を挙げるとしたらどなたになりますか？

もう亡くなられたのですが、劇団時代の大先輩の西本裕行さんです。岸田今日子さんが出演した『ムーミン』のときのスナフキンです。西本さんって、稽古のときにいろいろなアイデアを持ってきて、無理そうなものも含めて全部やってみるんです。スベると「今のは平田が見ていたからだ！」なんて言ったりするんですけど、とにかくピュアで真面目な方で。一度、僕が演出家のダメ出しがピンとこなくて「何を言っているのかわからない。わかるように伝えてくれないと出来ない」と言ったことがあるんです。そうしたらあとで西本さんが僕のところにきて、優しく「やってみちゃいなよ」と。確かに、やりもしないで文句を言うのは違うなと気付かされました。西本さんは僕の3回り上だったのですが、そんな風にピュアにお芝居に向かわれていて、当時「俺はあの歳になって毎日ピュアでいられるのか」と自問したことを覚えています。

――では、今の平田さんはピュアですか？

心の中ではそういう風にあろうと思いながら、表には絶対に出さないです。「めんどくせー、かったるい、早く帰ろうぜー」みたいなことばかり言って、ポーズを取っています。

——そんなことを言っちゃうんですね。

照れ屋だからじゃないですかね。この歳になって「一生懸命、台詞を言っています！」みたいなところは出したくないですし、そういうところをアピールする歳でもないですし……。でも、近藤なら近藤、六太なら六太、虎徹なら虎徹に対して、西本さんのようにピュアな気持ちで接しよう、と。それは絶対に忘れないようにしています。

——では、今はお仕事は楽しいですか？

楽しいです。照れ屋だから、つらそうにやりますけど。

自分があまり出てはいけない

森川智之

もりかわ・としゆき

アクセルワン代表取締役。勝田声優学院を経て声優に。初主演は**『宇宙の騎士テッカマンブレード』**（Dボウイ）。その後は、クールな二枚目からハイテンションなキャラクターまで幅広いキャラクターを演じてきた。洋画では、トム・クルーズの吹き替えを担当していることで知られている。その他の主な出演作に**『地獄先生ぬ〜べ〜』**（玉藻《たまも》京介）、**『剣風伝奇ベルセルク』**（グリフィス）、**『犬夜叉』**（奈落）、**『今日から㋮王！』**（ウェラー卿コンラート）、**『Devil May Cry』**（ダンテ）、**『ズートピア』**（ニック・ワイルド）などがある。著書に『声優　声の職人』。

『Febri』Vol.46（2017年12月）掲載

声の大きさが人生を決めた

――高校時代はアメリカンフットボールをやっていたそうですね。

はい、そこで頸椎《けいつい》を損傷しました。半身不随になってもおかしくない大怪我だったのですが、運よく大事には至りませんでした。でも、もうスポーツはできなくて。高校は体育大学の付属高校だったので、体育の先生になる人が多かったのですが、その道がなくなってしまった。そんなときに友達が「声が大きいし、しゃべりが面白いから、スポーツに携わるしゃべる仕事をしたら」と言ってくれたんです。

――その頃から声が大きかったんですね。

周りを笑わせることが好きで、みんなが笑ってくれるからより大きい声を出して……みたいな子供でした。小学校のときは「森川の声がどこまで聞こえるかやってみよう」なんて試してみたりとか（笑）。そんな調子で、子供の頃からずっと「森川の声はデカい」と言われていました。祖父が歌を歌う人だったので、この丈夫な喉は祖父から貰ったものみたいです。それで、アナウンス学校の入学案内を取り寄せたんです。

――そこで進路が大きく変わったわけですね。

でも、アナウンス学校は授業料が高かった（笑）。それで、高田馬場の勝田声優学院に入ったんです。同期は三石琴乃《みついしことの》（『美少女戦士セーラームーン』セーラームーンなど）、高木渉（『機動新世紀ガンダムX』ガロード・ランなど）、横山智佐《ちさ》（『サクラ大戦』真宮寺さくらなど）、根谷《ねや》美智子（『鋼の錬金術師』リザ・ホークアイなど）ですね。

――演技をはじめとする表現全般に興味があったのですか？

興味というほどではなかったです。ただ、母が絵描きだったので周囲に仙人みたいな絵描きさんがい

っぱいいたし、母に連れられて劇団「夢の遊眠社」の舞台をずっと見ていたりしたので、普通の人よりは芸術が身近にある環境で育ってきたと思います。声の仕事については、アニメというよりは『白バイ野郎ジョン&パンチ』とか『刑事スタスキー&ハッチ』などの、アメリカのドラマの吹き替えの印象が強かったです。そして、勝田声優学院に入ったことで、それまで見ていた舞台やテレビ、映画の声の仕事も全部「〃お芝居〃なんだ！」とつながったんです。そこから演劇論の本などを読み漁りました。

――演技の勉強を始めてみていかがでしたか？

勝田声優学院に入ると、いきなり「発声の先生をやれ」と言われたんです。それで、新入生であると同時に先生もやることになって。びっくりしましたけれど、「バイト代を出すから」と言われたので（笑）。学院の子はアニメやマンガが好きな人たちが中心で、いわゆる体育会系はいなかったんです。そんな中、僕だけがゴツいお兄さんで、勇ましくて元気がよくて。だから、周りを見ても「なんでそんなに声が出ないの⁉」という感じはありました。ただ、自分も声は出ても、演技のほうは全然わかっていませんでした。

――勝田声優学院出身の方にお話を聞くと、必ず水鳥鐵夫《てつお》さん（『キン肉マン』ブロッケンJr.など）のお話が出ます。

僕は楽しくてしょうがなかったので、水鳥さんに会うと「森川はいつも幸せそうだね」と言われていました（笑）。そう言えば、水鳥さんから僕だけいただいた言葉があるんですよ。

――それはどういうものですか？

2年目になって自分たちで芝居をやろうということになって、高木渉とかと「第五地区」という気取った名前の演劇グループを作りました。そこでは北村想さんの短編の戯曲『ザ・シェルター』をレッス

ンしたのですが、僕はそれまでやったことはなかったのに、演出を担当したんです。それを教室の中だけで発表しようということになり、水鳥さんを招待して。まだ2年目と3年目の生徒の芝居ですよ？（笑）。水鳥さんもよくつき合ってくれたなと思います。そうしたら、見終わったあとに水鳥さんが「森川、これからお前は懐疑の念を持ったほうがいい」と。要は「自分が思っていることが常に正しいとは限らない」という視点を忘れるなと。水鳥さんはもう亡くなられましたが、この言葉はずっと宝物として自分の中に残っています。多分、水鳥さんに教わった人たちは、みんないろいろなものをもらっていると思います。僕の最初の吹き替えの仕事も水鳥さんのご縁でいただいたものでしたし。

——そんな形で次第に仕事が始まっていったのですね。

最初はナレーションが多かったんです。勝田声優学院は2年制で、1年目の基礎クラスと2年目の研究クラスで卒業になりますが、まだ勉強したいという人は3年目以降もゼミという形で残ることができます。僕は9月生で、基礎クラスの半年コースに入っていたのですが、入所して1カ月か2カ月目くらいで、もうナレーションの仕事をもらいました。そうこうするうちに、横山智佐と僕がアーツビジョンに決まり、勝田の研究クラスやゼミクラスを受けながら仕事をするという、ちょっといびつな形でプロとしての仕事を始めました。事務所としては「新人の森川は芝居はできないけれど、声と滑舌《かつぜつ》はいいから」ということだったのかなと思うのですが……。事務所に所属したことでラジオやテレビのナレーションの仕事がどんどん来るようになって、当時はナレーションを1日に4～5本くらいやっていました。バブルの頃ですから、21歳とか22歳で、うちの親父より稼いでいるんじゃないかと思えるくらい稼がせてもらっていて。

でも、その頃になるとナレーションよりも演じることのほうが好きになっていたので、アニメとか洋

画の吹き替えをもっとやりたいと思っていました。そんなときに、ぽつぽつとアニメの話も来るようになったんです。最初に出たのは『ハーイあっこです』（'88 角田利隆監督）の番レギ（番組レギュラー。特定の役を持たないレギュラーで各話のモブなどを演じる）ですね。そのあたりから一気に洋画とアニメの仕事が増えました。そうしたらナレーションの仕事が少なくなって収入が……（笑）。先輩方が「役者は食えないよ」と言っていたことが身にしみてわかりました。

無口でクールで暗い役からコメディまで

——初期の代表作といえば、やはり初主演の『宇宙の騎士テッカマンブレード』（'92 ねぎしひろし監督）のDボウイになります。こちらはオーディションで決まったのでしょうか？

いや、あれは飲み会で決まったんです（笑）。

——ええ⁉ そうなんですか？

当時はアフレコが終わるとみんなで飲みに行くことも多くて、飲みニケーションの中で役が決まることも少なくなかったんです。その頃、僕はあかほりさとるさんとかキングレコードの大月（俊倫《としみち》）プロデューサーと一緒に朝まで飲み歩いていることが多くて。それで、ある飲み会のときに用を足していたら、隣に大月さんとあかほりさんが来て「次、決まったから」と。「何がですか？」「次のアニメの主役はお前だから」と（笑）。嘘だと思っていたら、後日事務所から電話がかかってきて。事務所も「なんだかわからないけれど、主役の話がきている」と戸惑っていました。だって飲み屋で決まったことですからね（笑）。……そう言えば、僕はDボウイの前に一度主役をやっているんですよ。

——そんな作品があるんですか？

『冒険者』（'92 黒川文男監督）というコロンブスの生涯を描いた作品で、主人公のコロンブスを演じているんです。これは、決まったときに初主役だと聞いて喜んでいたら、僕が演じるのは少年期だけで、大人役は島田敏《びん》さん（『ちびまる子ちゃん』友蔵など）だったという（笑）。

――『冒険者』は、あまり知られていない作品ですね。……検索してみると、イタリアとの合作で、日本での放送は2002年になってから。実質的に幻の初主演といったところでしょうか。Dボウイは口数の少ない、感情表現の幅の狭い役でしたが、いかがでしたか？

台詞が少ないから、森川でも大丈夫だろうということだったんじゃないでしょうか（笑）。『テッカマンブレード』は音響制作がオーディオ・タナカで、音響監督の田中英行さんは新人を育ててくれることで有名な方なんです。なので、僕もそこで育ててもらいました。その後も、田中さんの作品にはたくさん出演させていただきましたね。

――『テッカマンブレード』を見直すことはありますか？

僕は5年ごとにディナーショーをやっているのですが、2007年のデビュー20周年のときに「『テッカマンブレード』の初台詞を聞いてみよう」というコーナーを設けました。改めて見ると「テックセッター！」とか「ボルテッカ！」とか見得を切って言っていて、ズッコケました（笑）。

――ズッコケましたか（笑）。

あまりにも下手すぎて恥ずかしくて、穴があったら入りたいくらいでした（笑）。でも、楽しかったです。当時は、Dボウイを演じたことで「無口でクールで暗い」といったイメージがついて、『テッカマンブレード』が終わった頃はそういう役が多くなりました。そこで「僕は役者だから他にもいろいろなことができるのに、同じタイプの役が多いな」という気持ちが募ってきて、たまに違ったタイプの役が

来ると水を得た魚のように張り切っていたんです。例えば、『黄金勇者ゴルドラン』（'95 高松信司監督）のワルター・ワルザックとかですね。たくさんしゃべれて、いい役でした。

――ワルター・ワルザックは、今で言う〝残念なイケメンキャラ〟でしたね。『勇者』シリーズだと、前年の『勇者警察ジェイデッカー』（高松信司監督）にも出演しています。

デュークですね。あれはどちらかと言うと、Dボウイの流れです。『勇者』シリーズの音響監督は千葉耕市さんで、洋画で育った僕からすると「あっ、ドラキュラの人だ！」（千葉はドラキュラ役で有名なクリストファー・リーなどの吹き替えを担当）という印象でした。千葉さんは役者兼音響監督という方なので、役者の心や考えていることを見抜く人で。だから、千葉さんにも相当教わりましたね。

――ギャグ路線だと『サイボーグクロちゃん』（'99 高本宣弘監督）の鈴木一郎先生役もありますね。

鈴木先生も楽しかったですね。最近では『LINE TOWN』（'13 しぎのあきら監督）とか『LINE OFFLINE サラリーマン』（'13 田上《たがみ》キミノリ監督）のムーン係長なんかは、すごく高い声で演じたのですが、そうやって広いレンジで演じられるのは、声だけで表現する仕事だからこそですよね。こういう役は声優冥利に尽きます。

今は『妖怪アパートの幽雅な日常』（'17 橋本みつお監督）の場面転換で使われている鳥1・2・3というキャラクターをやらせていただいているのですが、これが楽しいんです。1が杉田（智和、『銀魂《ぎんたま》』坂田銀時など）で、2が子安《こやす》（武人《たけひと》、『ジョジョの奇妙な冒険』ディオなど）で、3が僕なのですが、首を絞めたような可愛い高い声でやっています（笑）。こういうノリは、僕の中で定着しているひとつの役柄です。吹き替えではトム・クルーズの印象が強いかもしれませんが、アダム・サンドラーというコメディが得意な俳優さんの吹き替えも、ずっとやらせていただいているんですよ。もともと人を楽しませることや笑わせ

ることが好きだったので、ギャグも大好きなんです。逆に言うと、二枚目を演じるということのほうが、僕にとっては我慢することなんだと思います。やっぱり縛られますからね。そういう意味で、コメディは自由です。

――少し変わった役だと『ニンジャスレイヤー　フロムアニメイシヨン』（'15 雨宮哲《あめみやあきら》シリーズディレクター）のニンジャスレイヤーもインパクトがありました。

〝てにをは〟が普通の台詞とは違うので、そこが難しかったです。『ニンジャスレイヤー』はオーディオドラマが先だったのですが、台本をもらったときに「どう考えても日本語になっていない」と（笑）。それで台本の台詞の〝てにをは〟を直したのですが、現場で「これは〝アメリカの人の間違えた日本語〟が面白いという作品なので、このままやってほしい」と説明されました。例えば、かけ声で「イヤーッ」と書いてあっても、我々役者は「イヤーッと文字通りには読むな」と教育されているんですよ。「これは戦うときの気合の音だから『ハーッ』でも『ウヤーッ』でもいいから、リアリティのあるように演じろ」って。でも『ニンジャスレイヤー』の場合は「イ・ヤ・ア、でお願いします」と求められます（笑）。

見る人に余白を作ってあげる

――それはなかなかない経験ですね。森川さんの代表作で言うと、『犬夜叉』（'00 池田成《まさし》監督ほか）の奈落、『ジョジョの奇妙な冒険　ダイヤモンドは砕けない』（'16 津田尚克総監督）の吉良《きら》吉影《よしかげ》という、抑えたトーンでの敵役も印象に残ります。

原作者の高橋留美子先生は、僕が好きな『うる星やつら』の大先生でもあるので、『犬夜叉』に出さ

せていただいただけで夢のようでした。さらに壮大なストーリーで、かつものすごい人気作品でもあって、アニメもいい時間に放送していましたから、出演できてうれしかったです。あとから高橋先生に「森川くんが奈落をやったおかげで、奈落がすごく格好よくなって、面白くなった」と言っていただけたのも感無量でした。あと『犬夜叉』で思い出すのは、読売テレビのプロデューサーの諏訪（道彦）さんに「森川くんはいつもアフレコ後のご飯に来なかったね」と言われたことです。

――行かなかったのですか？

みんなは一緒にご飯に行っていたんですよ。でも、僕は一番の悪役でしょう。現場で楽しくやるとちょっと緩んで、トチっても「ごめん、ごめ〜ん」みたいなことを言ってしまいそうで。だから当時は「俺は悪役だ……」と思いながら、スタジオでも隅のほうでひとりで過ごしていました。そんなわけで、一緒にご飯なんてできなくて。この歳になると「そんなことで、自分のできる演技は変わらないよ」とも思うのですが（笑）、当時はそういう風に思って演じていました。

――『ジョジョ』の吉良吉影も、基本はすごく抑えたトーンですよね。それがだんだん崩れていくところが見どころでした。

『アンパンマン』などの小さい子が見るアニメの悪役だったら「ハハハハハー！」とやったほうが怖さが伝わりますよね。でも、視聴者が大人になると、それだけでは悪い人とは受け取ってもらえなくなります。だって、現実に「悪い人でござい」みたいな人はいないじゃないですか。（映画）『ズートピア』（'16 リッチ・ムーア、バイロン・ハワード監督）で詐欺師のニックを演じたときは、「詐欺師に見えないように演じてください」というディレクションがあったのですが、本当にそうだと思います。怖い人間が、普通にしていることのほうが怖いんです。あとは、見ている人に余白を作ってあげるということもすごく

大事なことで。

――余白ですか？

僕の考えなのですが、あまりにもそのまま、1＋1＝2、2＋2＝4という具合に演技をしてしまうと、見ている人はそれをもらうだけで、ぼーっと口を開けて待ってしまうんですよ。そうすると、あとは「面白かった」というだけになってしまう。それよりは、見ている人が「今は普通にしているけれど、どういう心理状況なんだろう？」と頭を動かす演技のほうが、主体的に作品を楽しんでくれるようになるんです。そのために、ちゃんと考えながら相手が想像できる余白を作って演じるというのが僕の中にあるんです。まさに悪役なんかはその部分がサスペンスになると思います。

――なるほど。

吉良吉影は、言っていることはもっともなのですが、心が通っていないというか、血が通っていないというか、目が死んでいるというか、発言がどこまで本当なのかわからないキャラクターです。そこに悪役としての慎重さや臆病さを加えて演じています。

――奈落、吉良吉影とは別タイプですが『機動新世紀ガンダムX』（'96 高松信司監督）の敵キャラクターである、フロスト兄弟の兄、シャギア・フロストが印象に残っているファンも多いです。

フロスト兄弟は、濃いですよね（笑）。あれは今やったほうがもっと面白いキャラクターになったと思います。自分の中ではちょっと時期が早すぎたような感じがしています。でも、弟のオルバ役の佐々木望《のぞむ》（『幽☆遊☆白書』浦飯《うらめし》幽助など）が同じ年で、誕生日が1日違い（笑）。新人の頃はふたりともアーツビジョン所属だったので、楽しくやらせていただきました。

――フロスト兄弟はドラマ『NIGHT HEAD』（'92 飯田譲治監督）の霧原兄弟がヒントになったと言わ

れていますが、そのドラマをアニメ化した『NIGHT HEAD GENESIS』（'06 竹内啓雄《よしお》監督）で、霧原兄弟の兄を演じていますよね。

はい、今度は弟が石田彰（『新世紀エヴァンゲリオン』渚カヲルなど）でした。彰くんも僕と同い年なので、こちらも濃かったですね（笑）。

――役柄をつかむ手がかりは、やはり台本になるのでしょうか？

基本的には台本が全てです。ただ、台本を読むときは自分の中の想像だけでは作らないように気をつけています。いただいた材料でどれだけ膨らませられるかが大事で、勝手な想像をしたらダメなんです。

――でも、台本から想像をする必要はありますよね。

もちろん、そこに書かれている台詞やト書きに対しての想像はいいんです。実際に書かれているポイントから、絶対的な真実だけを想像で広げていくことはとても大切で。でも、そうではなくて、何もないところから想像してしまうと、僕たちは原作者ではないので、作品を壊してしまうんです。あとは普段の創意工夫ですね。普段からどれだけ自分の中でアイデアを貯めているかにもよると思います。

――アイデアを貯めるには街行く人を見たり、本を読んだりといったインプットが大事だったりするのでしょうか？

それはありますね。ものの見方を養うことが必要なんです。先ほども話しましたが、うちの親が絵を描いていたのもあって、僕は小さい頃から絵の具に囲まれて、抽象画で何を描いているかわからないものをアトリエで見ていたんです。それ以外にも彫刻とかコラージュ系の作品を見に行ったり、その作家さんと話す機会もありました。自分はそういうことを通じて、ものの見方が自然と育っていったのかなと思います。ものを見たときに裏側を想像するのが好きなんです。

——若手の人に話をするときも、そういうお話をするのですか？

多少はしますけれど、僕も若い頃に先輩に何か言われて「は？」と思っていたりしたので、あまり言わないようにしています（笑）。

——（笑）。

うるさいおじさんにはならないように（笑）。だから、難しいんです。自分で考える力が育っていれば何かを言っても通じるのですが、自分で考える力が育っていない人に何を言っても無駄というところがあるので。考える力が育っていないと、疑問を持つことができないし、それだと何度同じことを言っても、こちらが言わんとすることはキャッチできない。一方で、考える力を持っている人は、ひと言だけでもブワーっと理解が進みます。すると、次に会ったときには「この子はすごいな」と思わされたりもするんです。育つ人とそうでない人を分けているのは、そういう部分なんだと思います。そういう意味で、僕は環境に恵まれていたと思います。

——何がよかったのでしょうか？

僕は子供の頃にラジコンやプラモデルが大好きだったのですが、買ってもらえなかったんです。それで「友達は持っているのに、僕は持っていない」ということを何度も親に言っていたら、母親が僕の部屋に来て「そんなに欲しかったら作りなさい！」と言って、方眼紙をバーンッと投げてきました。

——それはすごいですね。

それで「なかったら作ればいいんだ」と考えて、自分で工作したんです。今になると、そこはすごく親に感謝しています。それは、既にあるものをどこかから持ってくればいいと思っていたら絶対に気がつかないんです。こういう経験が考える力を養ってくれたんだなと。檜《ひ》山《やま》修之《のぶゆき》（『勇者王ガオガイガー』獅子

王凱《がい》など）と「おまえらのためだろ！」というイベントを もう23年もやっているのですが、これも「既成のものから作るのではなく、自分たちで想像したものを形にしていくイベントをやろう」というところがスタートでした。そう思えたのも、こういう経験があればこそだったと思います。

――役作りのところで言いますと『戦国BASARA』（'09 川崎逸朗監督）の片倉小十郎《こじゅうろう》のように、ゲームで演じたキャラクターがテレビアニメになったときは、どんな距離感で演じ分けているのでしょうか？

設定や声の雰囲気といったゲームでの役作りを、アニメで描かれるドラマの中に持ち込む感じです。それは『戦刻ナイトブラッド』（'17 菊池カツヤ監督）も同じです。ゲームはいろいろなストーリーがあるけれど、アニメでは主役を立てて、そこを中心として動いていきますよね。だから台本をもらって、そこで描かれた他のキャラクターとの関わりの中で演技の方向性を作っていくことになります。

――片倉小十郎は人気キャラクターで、地元のイベントでもフィーチャーされているそうですね。

ゲームでは、最初は（伊達）政宗様の隣で侍っているキャラクターだったのですが、だんだん注目を浴びるようになって、今では地元の宮城県白石市も盛り上がっています。おかげで、僕も観光大使的なことをやらせていただいて。小十郎はメジャーな戦国武将ではないのですが、脇にいる武将として女性ファンの注目が集まった先駆けになったと思います。そこで存在感が増したので『BASARA』以降の戦国ものには必ず小十郎が出てくるようになっていったんですよ（笑）。

トム・クルーズの吹き替えと役づくり

――転機になった作品を挙げるとするとどれになりますか？

転機になったのは、アニメでは『剣風伝奇ベルセルク』（'97）です。

——高橋ナオヒト監督でＯＬＭが制作したものですね。

僕は三浦（建太郎）先生の原作が大好きなんです。特に前半の、グリフィスが魔に堕ちてフェムトになるまでがすごく切なくて。こういう言い方が正しいのかわかりませんが、前半の鷹の団の日々は、青春が美しく輝いていたことが描かれていると思うんです。『ベルセルク』はオーディションだったのですが、その際、僕は主人公のガッツ役を受けました。グリフィスは線が細くて銀髪で美形ですから、当時は女性という話もあったそうなのですが、マネージャーが「実は森川はグリフィスが大好きで」とスタッフの方にアピールをしてくれて。それでグリフィスでもオーディションを受けることができて、三浦先生も立ち会っていたその場で、グリフィス役に選ばれたんです。

——原作ファンとしては、ガッツでも受かる自信はありましたか？

正直なことを言えば、ガッツもグリフィスも、僕よりもマッチする人がいるだろうとは感じていました。原作ファンだけに、余計なことを考えちゃうんです。作品のことを重々理解はしているんだけれど……。

——よくわかっている分だけ、自分との距離を測ってしまうんですね。

そうなんです。例えば、原作を知らないと『ボールルームへようこそ』（'17 板津匡覧《よしみ》監督）の仙石要《せんごくかなめ》のようにドンッと入ることができるんです。原作をよく知っている分、そこもグリフィスの難しいところでした。でも、グリフィスをやる以上「できる限りなりきろう」と思って。それは奈落を演じるときと同じような気持ちでしたね。結果、グリフィスはリアルに演じることができたと思っています。……あと、転機と言うと『ベルセルク』のあとに『アイズ ワイド シャット』（'99 スタンリー・キューブリック監督）

でトム・クルーズの吹き替えを担当することになって、これもすごく大きな転機でした。

――「トム・クルーズの吹き替えといえば森川さん」という流れを作った作品ですね。

『アイズ　ワイド　シャット』が2001年に全世界でDVDを発売するにあたって、各国語版を作ることになったんです。そこでトム・クルーズの日本語版の声優を誰にするか決めるために、1年ぐらいオーディションをしていたそうです。それがなかなか決まらなくて、最後に受けた僕がそこで選ばれました。それまでにも、何かの作品で1回ぐらいはトム・クルーズを演じたことがありましたが、ここで初めて大々的に注目されている作品でキャスティングしていただきました。吹き替えの陣頭指揮はキューブリック監督の義理の息子であり、かつ映画の助監督でキャスティングも担当していたレオン・ヴィタリさんがやるということで、「まず、森川さんと面談をしたい」というところから始まりました。いざ会ってみると、「キューブリック監督のことをどう思うか」という話から始まり、「森川にはトムと同じような役作りをゼロベースからやってもらいます」と言われました。それを聞いて、これは大変な仕事だなと思いました。

――「トムと同じ」というのはどういうことなのでしょうか？

本読みをして、どういう風に演じるかについて、ディスカッションをしながら導いて作っていくということです。録音は僕ひとりの抜き録りで「ここはこういう台詞だけれど、お前はどう思う？」と聞かれて「こうだと思います」と言うと「いや、違うよ。こうだよ」とか「それで作っていこう」とか、そういうやりとりを台詞のひとつひとつでやっていくんです。

――すごく集中力が必要な録音ですね。

1週間かかりました。レオンもニューヨークのアクターズスタジオで学んだ役者でもあるので、朝ス

タジオに入るとふたりでストレッチから始めるんです。そしてディスカッションが始まるという。ベッドシーンでは、スタジオにベッドが置いてありました。

——横になって演技をしろということですか？

はい、マイクも映像収録で使うようなガンマイク（離れた位置から特定の音を拾うのに適したマイク）で。耳には原音を聞くためのイヤホンがついているけれど、映像も見る必要があるし……。そうなると台本を見ることができないので、台詞を全部覚えて臨んだんです。そうやっていくうちに、単に大変とかそういうことではなく、アクターズスタジオの「芝居勘」みたいなところを肌で教わることができて、ものすごく鍛えられました。終わったあとは、お金を払ってでもやるべきことを仕事として経験させてもらった、と。始まるときと終わるときで、自分自身が全然違っている実感がありましたね。後日、この日本語版をトムが一番気に入ってくれて、映画の仮面舞踏会のシーンで自分がつけた仮面をプレゼントしてくれました。それ以来、トムの吹き替えをずっと担当するようになったんです。

——吹き替えとアニメの違いはどこにあると感じていますか？

吹き替えはお芝居を見るんです。向こうのアクターのお芝居を見て、研究します。アニメはそれがなくて、ゼロベースから作っていくものですね。しかもビジュアルが平面なので、より立体的に作るには台詞の音声も立体的に作らないといけない。例えば、私たちが今話している会話も、そのまま貼りつけてしまうと実はすごくのっぺりとしたものになってしまう。もちろん、そういった演出の作品もありますが、吹き替えとアニメの作り方は根本的に違いますね。

〝普通〟が難しい

──そんなアニメでの最近の大きな出来事といえば、病気で休養に入った（2017年に復帰）藤原啓《けい》治《じ》さん演じる『クレヨンしんちゃん』（'92 本郷みつる監督ほか）の野原ひろしの代役を2016年から務めていますよね。これはどんな気持ちでアプローチしていますか？

今までの『しんちゃん』を何本か観た上で、藤原さんがやってきたお父さん像を逸脱しないように演じています。もちろん、別人が演じるわけなので、声から何まで違うのですが。でも、大人は別として、子供が見たときに全然違うものだと感じないようにはしたいと思って、そこはとても気をつけて演じています。

──別の役者さんが25年演じてきた役を演じるプレッシャーというのはありましたか？

プレッシャーはありませんでした。そういうつらさで言うなら、長い間、生活の一部、体の一部になっている役から離れることになってしまった藤原さんのほうが大変おつらいのではないでしょうか。現場の収録スタジオでは、レギュラー出演者の皆さんやスタッフの方たちに温かく迎え入れていただいているので、とても楽しく演じさせてもらっています。

──森川さんのひろしにも感じることなのですが、森川さんの演じる役には、奈落や吉良のお話に出たような、その役にとっての〝普通さ〟が共通してありますよね。

それは僕に対する褒め言葉だと思います。そして、その〝普通〟が難しいところでもあります。僕の声優観というのは、自分があまり出てはいけないというものです。ぱっと聞いて「あっ、森川智之だ！」「森川さんはすごく面白いしゃべりをしている」「あの作品であんなことやったよね」というようなのはダメだと思うんです。僕も視聴者だった頃は、そのキャラクターを見ていたわけで、声優さんを見ていたわけではなかったですから。だから、僕のファンの方が僕目的で映画館に入ったとしても、そ

れをすっかり忘れて作品を楽しめるように演じたいと思っています。そうやって気配を消すことができるのが、プロの声優ということかなと。

逆に言うと、今はタレントさんや芸人さんを使うじゃないですか。それは宣伝も含めて表に出るでしょう？　そこが目的ならば、それはそれでいいと思うんです。でも、僕らは違うと思う。それをやってしまうとタレントさんと同じ土俵に上がってしまうから。そこはそこでプロに徹していきたいので、なるべく存在感を消すというか、作品に同化して、作品の本来の面白さを100パーセント引き出せるパーツになりたいんです。

――『しろくまカフェ』（'12　増原光幸監督）のパンダママがまさにそういった感じでしたね。

あの役のきっかけはどこかのスタジオでのやりとりでした。『しろくまカフェ』をやるということで、制作スタッフがキャスティングについていろいろと考えていたんですね。僕がそこのロビーでくつろいでいたところ「森川さんって、何でもできる？」と聞かれたので「俺は何でもできるよ。何でもやるよ」と答えたんです。それで「でも、お母さんは無理ですよね？」「お母さんは得意だよ」と（笑）。そうしたら本当に決まっちゃったという。その流れで『しろくまカフェ』では、他の女性キャラクターも男の人がやるようになってしまった（笑）。原作のヒガアロハ先生も、寛容で温かい先生なので、それはそれで面白いと思ってくれたらしいです。

――パンダママは男性が女役をやっているけれど、変に作っていないんですよね。

そうなんです。言い回しではなく、気持ちがお母さんになっていることが一番大事だろうと考えたんです。そうであれば、見ている人はお母さんとして認めてくれるだろうと。

――そうだったんですね。最後に、森川さんのこれからの目標を教えてください。

僕が目標としているのは、堀内賢雄《けんゆう》（『ジョーカー・ゲーム』結城中佐など）さんです。賢雄さんは僕のちょうど10歳上なんです。だから、僕の10年先をいっているので、人間性の部分なども含めて、賢雄さんみたいにありたいと常に思っています。しかも、僕と同じで事務所も経営されていて、若い人たちもどんどん育っています。賢雄さんが10年先を頑張っているから、僕も頑張っていこうという思いはありますね。

III

愛され続けるキャラクターたち

大谷育江

引き算の演技からリアリティが生まれる

おおたに・いくえ

マウスプロモーション所属。1986年の**『がんばれ！キッカーズ』**でデビュー。90年の**『コボちゃんスペシャル 秋がいっぱい!!』**で主役のコボちゃんを演じる。97年からは**『ポケットモンスター』**のサトシのピカチュウを演じ、ピカチュウの声は海外版でもそのまま使われているというのは有名な話。その他の主な作品に**『姫ちゃんのリボン』**（野々原姫子、エリカ）、**『爆走兄弟レッツ&ゴー!!』**（鷹羽《たかば》二郎丸）、**『名探偵コナン』**（円谷光彦）、**『ONE PIECE』**（トニートニー・チョッパー）、**『ののちゃん』**（山田のの子）、**『金色のガッシュベル!!』**（ガッシュ・ベル）、**『スマイルプリキュア!』**（キャンディ）などがある。

『Febri』Vol.42（2017年6月）掲載

人間以外の役を演じる

――『ポケットモンスター』（湯山邦彦総監督）のテレビ放送開始が1997年4月なので、今年（2017年）で20周年ですね。

あっという間でした。20年も経ったのかな、と思いますね。

――17年夏の『劇場版ポケットモンスター キミにきめた！』は第20作。改めてサトシとピカチュウの出会いが描かれるそうですね。

そのようですね。ポケモン映画ももう20作になりますが、映画だと一作だけ見て、他は見ていないという方もきっといますよね。だから、私たちとしては一作だけ見ても「『ポケモン』ってこういうものなんだね」と受け取ってもらえるものにしよう、ということを思ってずっとやってきました。

――どの映画を見てもちゃんと『ポケモン』の魅力が伝わるように、ということですね。

そうです。一方で、スタートして20年が経って、サトシとピカチュウがどうやって出会ったのかというスタートを知らないお子さんも増えたのかな、と。テレビアニメのほうは、日常の繰り返しで進んでいますから、改めてサトシとピカチュウがどう出会ったかを見て、知ってもらうための映画が今回の作品なのかな、と個人的には思っています。

――ピカチュウは基本的に「ピカ」とか「ピカチュウ」としか言いませんが、やはりピカチュウの台詞の横には、ピカチュウが言いたい内容を書き込んだりしているのでしょうか？

はい。どんなことを言っているのかを書いて、それを台詞に乗せてしゃべっています。だからしばらく経って、ピカチュウが「何かを言っている」と思ってお客さんに見てもらえるようになったときはう

れしかったです。

──単なる鳴き声ではないんだ、と。

例えば、自分の飼っているペットは家族の一員だから、何を言っているのか伝わりますよね。だから、ピカチュウやポケモンが、日本語を使わなくても、何かメッセージを発信しているということを、見ている人にわかってもらえたんだなと。

──ピカチュウと大谷さんの距離感はどんな感じなのでしょう？　例えば、街でピカチュウの絵を見たとき、〝私〟と感じますか？

うーん……。演じているときはドンピシャです。自分がピカチュウという感じです。

──演じていないときはまた違いますか？

演じていないときというか……。サトシのピカチュウとしてスタートして、最初はピカチュウも１匹だけだったので「ピカチュウは私」と感じていました。それが「ピカチュウのもり」（１９９８年４月16日放送）で、ピカチュウがわんさか出てきて「ああ、オンリーワンではないんだ」ということに気づいて。それはちょっと寂しかったんですけど、よく考えればゲームの中でも何匹も捕まえられるわけだし『あれは私だ』と思いすぎるのはよくないな」と思って、そういう気持ちは最初の頃に手放したんです。だから「サトシの連れているピカチュウは私だ」とは思っても、それは独占欲みたいなものではないし、どこかの森にいるピカチュウは別のピカチュウで別のストーリーを持っているだろう、と。そういう感じで接しています。

──キャリアを拝見すると、『21エモン』（'91　原恵一監督）のモンガーから人間じゃないキャラクターに挑戦しているんですよね。

モンガーは丸っこい宇宙生物で、「〜モア」と語尾につけてしゃべるキャラクターでした。これもオーディションがあって、そのときは芋掘りロボットのゴンスケ、メイドロボットのオナベ、そしてモンガーの3人が一緒にブースに入ってやりとりをするというものでした。結構な人数がいて、私自身も動物役は初めてだったのですごく緊張しました。

――本番ではどう演じようと考えていましたか？

モンガーは、原作ではたまに語尾に「モア」をつけるだけで普通に日本語でしゃべっていたりするのですが、収録にあたって「特徴があるように作っていきたいから、自由にガンガン〝モア〟を使って膨らませてほしい」と言われました。まだキャリアの浅い私としては、どこまでできるのだろう……という感じで（笑）。一方で、ゴンスケ役は龍田《たつた》直樹さん（動物番組『ダーウィンが来た！〜生きもの新伝説〜』ヒゲじいなど）だったのですが、龍田さんはアドリブの天才なんですよ。アフレコではテスト、ラステス（ラストテスト）、本番の3回演じることになるのですが、3回とも違うことを言うんです（笑）。しかも、こちらが与えられた台詞をそのまま返しても成立するようになっていて。私も一生懸命、そのアドリブに応えようとしたのですが、できたりできなかったりで。たまに応えられても台詞が次のカットにこぼれてしまったりすると、龍田さんが「今のままでいいから。その前をこちらで巻く（予定より早めに進めること）から」と言ってくださって。面白い先輩がいらっしゃると、どんどん面白くなるし、鍛えられますね。そうやって私の中にアドリブみたいなものが貯金されていったのかなと思います。

――人間ではない役を演じられるのはアニメの特徴でもあると思うのですが、面白さを感じていましたか？

面白さよりも必死でした。モンガーは極限状態でも生きていける絶対生物なんですよ。だから、痛さ

とか熱さもあまり感じないですし、普通の人間が驚くところでそこまでびっくりしないだろうし。そういう視点を想像していかないと演じられない役だったんです。しかも、それには正解というものがあるわけではないので、笑ってもらえて安心することはあっても「楽しい」というよりは、毎回毎回いっぱい考えていましたね。……こうして考えると、それは例えばピカチュウをやっている今も同じですね。もちろん、たまには普通にしゃべりたい、と思うときもありますけれど。

——普通に、というのは例えば大人の女性役ということですか？

はい。私は普通の女性なので、女の子とか女性役のほうが、自分との違いを考えずに、内容だけに集中できるんですよね。演じるときに考えるべき作業が少ないというか。

声優で世界一を目指そう

——そうなんですね。ところでそもそものお話になりますが、どうしてお芝居の道を選んだのでしょうか？

子供の頃は舞台俳優になりたかったんです。

——決意が早かったんですね。

よくよく思い出してみると、最初にいいなと思ったのは歌手でした。なぜかというと当時の歌は、歌の最後まで聞くとオチがついていたりして小説みたいだったんですよ。そんな風に3分ぐらいでストーリーが完結するところが魅力だったんだと思います。でも、歌手の世界は今以上にきらびやかに見える世界だったから、お金も持っていて、生活環境に恵まれていて、容姿もしっかりしている人でないとなれない感じだったんです。似たような感じで、ドラマに出るのも難しいだろうと。それで、子供ながら

にテレビ方面は諦めて、完結したストーリーを人前で披露するなら舞台女優になるしかない、と。

——子供ながらに考えていたんですね。

ちゃんとそれで食べていけるようにしたかったんです。ＯＬをやりながら、趣味でお芝居という選択肢はありませんでしたね。それもあって舞台女優しかないだろうと。子供っぽい素人的な考えなのですが。

——いえ、すごくしっかりしていると思います。そのとき、何歳ぐらいでしたか？

小学2年生か3年生でした。子供の頃は、アニメは見ていましたけれど、自分の中の職業欄に声優がランクインしたことはなかったですね。それは、よく知らなかったというのもありますが。

——そんなに小さい頃から具体的に考えていたんですね。

ただ、そのときの自分のイメージとしては、大人になったらもっと背が高くなっているつもりだったんです。でも、そんなに身長は伸びず。そういう意味では、当時考えていたようになったわけでもありません（笑）。

——声優という仕事を意識したのはいつ頃ですか？

20歳前後で、劇団のオーディションに落ちたのがきっかけになりました。父には子供の頃から「もし、大学に行きたいのなら自分で稼いで行きなさい」と言われていました。勉強は嫌いではなかったのですが、それならもう演劇の勉強を始めたいと思って、ある養成所に入りました。1年後ぐらいに、当時好きだった劇団を受けたのですが落ちてしまって。受かりたかったので一日中泣きました。

それで、本気で受かりたいと思ってまた同じ劇団のオーディションを受けたのですが、また落選。他の劇団も受けたけれど、そこも落ちてしまい。これでは来年の募集まで1年間、何もしないまま終わってしまう。それで演技の感覚を鈍らせないためにも、どこかに入ろうということで江崎プロダクション

（現・マウスプロモーション）の養成所に応募したんです。その年は大雪が降った年で、都内の交通機関が麻痺した影響で募集が1カ月延びていたんですね。それでそこに通うことになったのですが……。「とりあえずここでいいや」という感じでしたね。今考えると、当時の自分をひっぱたいてやりたいです（笑）。

――声優の養成所だけど、声優には全然興味がなかったのですね。

そうです（笑）。「声優……？　ケッ」と思っていました。あくまで「演技をしていることには変わりがないだろう」ということで入っただけでしたから。教えてくださっている先生方も、舞台の経験があって声優をやっている方で「声優なんて職業はないよ」とおっしゃっていたのですが、それも当時の私には「へー」というぐらいで。そんな状態だったにもかかわらず、アニメのオーディションに受かったんです。

――それが『がんばれ！　キッカーズ』（'86 鴫野《しぎの》彰監督）ですね。

原きよしという役で、双子のお兄さんの原たけし（声・渡辺真砂子）とは、ホクロの位置でしか区別がつかないぐらいそっくりでした。その現場に通うようになって、いろいろと話を聞かれたのですが「私は舞台をやりたいんです」と答えていました。今思うと、劇団から来ている方もたくさんいらっしゃったのに、新人が「私は舞台を目指しているんです」なんて言っていて「ハァ？」という感じですよね（苦笑）。でも、あるときふと気づいたんです。今、マイクの前で演技するという機会をちゃんともらっているのに、自分の目指しているものではないからといって「舞台、舞台」と言っている自分は何なんだろう、と。それで自分に呆れて、ムカっとしてしまって。「この世界でしっかりと仕事ができないヤツは、舞台でもいい仕事ができないんじゃないの？」と思って、まずはこの世界で日本一を目指そうと思ったのが、声優という職業に対して腹をくくったきっかけでした。

——『キッカーズ』をやっている間に意識が変わったんですね。初めてのアフレコはどうでしたか？

そこに関しては「舞台をやりたい」と思っていたことがプラスになった部分もあったと思います。自分はマイクの前にいるけれど、声だけで演じるんじゃなくて、もし舞台でこのキャラクターを演じるとしたら、どう演じるんだろうという感覚で演じていました。

——そこから次第にアニメの仕事も増えていきますね。

増えたといっても、その当時はポツポツで、1カ月に2〜3本やっていたぐらいです。当時は洋画のほうが多かったですね。

子供が何を知らないか、が大事

——洋画の吹き替えではどういう役を？

子供です（笑）。例えば、息子や娘がさらわれる映画だと、子供を取り戻すために奮闘するお父さんが主人公になりますよね。でも、さらわれた子供がちゃんと作品の中で生きていないと「あの子のために頑張る」ということが成り立たない。だから、ちょこっとしか出てこない子供でも、自分の中では〝主役〟というつもりで演じていました。それで、男の子や女の子、赤ちゃん、大きい子、めちゃくちゃ生意気な子、お坊ちゃま……いろいろなバリエーションをやりました。逆に言うとほぼ子供ばっかりで、大人はやらせてもらえませんでしたが。

——そこに葛藤はありましたか？　「やっぱり子供なのか」みたいな。

葛藤は随分経ってからですね。当時はそれをこなすので必死だったので、そこまでは感じていませんでした。どういうポジショニングなら〝その子〟が成立するのか。子供の頃、父が洋画を好きだったの

で、一緒によく見ていたのですが、子供の声が本物の子供に聞こえないと興醒めしていたんですよ。「大人がやっているのか……」って。だから、「本物の子供だと感じてもらわなくては」ということを強く意識しました。

――子供らしく演じるためのポイントはあるのでしょうか？

ありますよ。ピカチュウやモンガーとも似てくるのですが、人間の知識は何年生きてきたかとか、生活の環境によって変わってきますよね。子供の場合、生きてきた時間が短いので、まだ知らないことが多いんです。しかもそれが年齢ごとにかなり違う。例えば、ここに灰皿があったとしますよね。大人は何の迷いもなく、タバコの吸い殻入れだということをわかっています。でも、タバコを吸っている人がいない家庭で育った1歳や2歳の子は、灰皿を知らないんです。それが何かを知らないから、ガラス製の灰皿を見たら、きれいと思うかもしれないし、そこにプリンを入れたいと思うかもしれない。そうやって、演じるその子が何を知っているか、何を知らないかを吟味する作業をするのが大事なんです。

――想像力でその子の内面を埋めていくということですか？

「埋める」という足し算ではなく、引き算なんです。

――ああ、引き算なんですね。

子供を演じるには、自分が知っていることを、全く知らないという風に記憶を消去しないといけないんです。例えば「これは何？」と聞くときに、自分の知識を消去できていないと、単に子供っぽく可愛く「これなぁに？」と聞くだけになってしまいます。でも、「本当に知らないから、知りたい！」という気持ちで聞いているなら、「これ、何……？」となってきますよね。リアリティが全然違うんです。それはものすごく大変な作業です。しかも、年齢だけじゃなくて、家庭環境まで考えて、これは知って

いる、これは知らないということを考える必要もあります。こういったプロセスが一番脳内がヘトヘトになりますね。

――『21エモン』の翌年の1992年には『コボちゃん』（森田浩光総監督）のテレビシリーズが始まります。大谷さんは90年のテレビスペシャル第1作『コボちゃんスペシャル 秋がいっぱい!!』（鳥居宥之《ひろゆき》総監督）から、主人公のコボちゃんを演じていますね。

うちは読売新聞をとっていたので『コボちゃん』はよく知っている作品でした。でも、知りすぎている作品だけに、どういう声をしているのか全く想像ができませんでした。コボちゃんは5歳という設定はあるのですが、原作が新聞の4コマだから、世の中を風刺したり何かを投げかけるような言動をすることもときどきあって。だから、どういう風に演じたらそれが成立するかというところが難しかったです。これも大々的なオーディションがあった作品でしたが、それこそきっと違う人になるだろうと思っていました。コボちゃんに関しては、最終的には、子供として演じるしかないと。

姫ちゃんからチョッパーまで

――同年には少女マンガ原作の『姫ちゃんのリボン』（'92 辻初樹《はつき》監督）でも主人公の野々原姫子を演じています。

『姫ちゃんのリボン』は印象的なエピソードがあるんです。あるパーティーがあったのですが、その日が偶然私の誕生日だったんですね。そうしたら、スタッフの方がたまたま持っていた『姫ちゃんのリボン』の単行本をプレゼントしてくださって。それで面白く読ませていただいていたら、オーディションのお話が来たんです。オーディションというのは、先入観なしで演じて、それで一番役に近かった人が

選ばれるものなのですが、たまたま私はストーリーを知っていて。そんな偶然もあったし、子供役ばかりだから、受かったらうれしいなぁと思っていたら、合格したんですよ。魔法で変身ものなんて、本当に女の子のあこがれですよね。

――女の子を演じるときはどんなことを考えたのでしょうか?

女の子なので、引き算も足し算も何もしないでいい役なんですよ。状況に身を委ねて、自分が思いつくものを表現していけば役として成り立つ。引き算が必要な役ばかりが多い中で、そういう年代の女の子の役を初めてちゃんと演じられたので、そういう意味では楽でした。よく「演じた中で一番好きな作品は?」という質問をいただくことがあるのですが、どの作品にも思い入れがあるので、ひとつを選ぶのは無理なんです。でも「どの作品が楽だったか?」と尋ねられれば、間違いなく『姫ちゃんのリボン』ですね。

――大谷さんの女の子キャラというと『天空のエスカフローネ』('96 赤根和樹監督)のメルルも印象的でした。

でも、ネコ娘です(笑)。当時、主人公の神崎ひとみを演じていた坂本真《ま》綾《あや》ちゃん(『黒執事』シエル・ファントムハイヴなど)が高校生だったので、普通に私がメルルを演じると、私のほうが年上に聞こえてしまうんです。それで「もっと年齢感を下げて」とか「ちょっと人間じゃないように」というオーダーをいろいろもらって苦労した記憶があります。メルルはネコ娘ですから、例えば、人間は飛び降りられないようなところも飛べるんですよね。とすると「怖い」という感情がちょっと違うわけで。そこでまた引き算をしなくてはならないので、ヘトヘトになりました。

――『熱血最強ゴウザウラー』('93 川瀬敏文監督)でも女の子を演じていますよね。

『ゴウザウラー』で面白かったのは、出演者の皆さんが、それぞれに戦いを繰り広げていたことですね。というのも、登場人物が多い作品なので、兼ね役（出演作で担当役以外の役を演じること）が多いんですよ。私も熱血で〝教授〟というあだ名の小島尊子《たかこ》と、大人しい（水原）結花ちゃんと、それから主人公の拳一のお母さんをやっていて。その他の皆さんも、無茶苦茶な兼ね役なんです。だから、（皆さん、）それぞれの兼ね役が似ないように、一生懸命やられていて、そこに役者としての戦いを見ましたね。ときには、自分のキャラクター同士が言い争うようなシーンに当たる人もいましたし。……そう言えば、『SHADOW SKILL－影技－』（'98 須永司監督）という作品では少し気弱なキュオという女の子役でした。でも、私は気が強いほうなので、気弱となると、また引き算をしなくてはいけないんです（笑）。……どうやら私は引き算が苦手なようなんですよね。足し算はいろいろと盛れるのですが、引き算はときに引いたような気持ちになっているだけになってしまうこともあるので。ちゃんとした引き算でなければリアリティは出てきません。

――赤ちゃんと女の子というと『おジャ魔女どれみ ♯《シャープ》』（'00 五十嵐卓哉、山内重保シリーズディレクター）から演じたハナちゃんもいますね。

ハナちゃんも楽しかった役です。赤ちゃんを一回演ってみたかったんですよ。それまでに、赤ちゃん役で2回ぐらいオーディションを受けたのですが、どちらも落ちて。後日、その作品が放送されるのを見たら、先輩が本当にうまく演じられていて。それを見て、赤ちゃんが成長していく過程をちゃんと演じてみたかったんです。だからハナちゃん役に決まったときはうれしかったです。このときも、この言葉を知っている、知らないということを考えて演じていきました。もちろん、やっていると「あれ、先週はプリンと言えたのに、今週は言えないことになっている」なんていうこともありましたけれど（笑）。

それでも1年間やっていって、それで大きくなっておしまいかと思ったら、『おジャ魔女どれみドッカ～ン！』で、グンと大きくなって（笑）。

――『おジャ魔女どれみドッカ～ン！』（'02五十嵐卓哉シリーズディレクター）のハナは、主人公どれみたちと同じ小学6年生の姿ですよね。

面白かったのは、見かけは6年生なんだけど、中身は2歳児なんです。だから、他の6年生のメンバーに比べて「あれ、異質だぞ」と思わせなくてはいけなくて。そういう意味ではやっぱり楽な6年生というわけにはいかなかったです（笑）。ハナちゃんは本当の子供だから、皆がシーンとしているところでも、なんの気遣いもせずにポーンと「どうして？」なんて言ったりする感じで、そういう挑戦をできたのが楽しかったです。

――大谷さんというと、ピカチュウ以外にも、『名探偵コナン』（'96こだま兼嗣《けんじ》監督ほか）ではコナンの同級生の円谷光彦、『ONE PIECE』（'99宇田鋼之介シリーズディレクターほか）ではトナカイにして船医、トニートニー・チョッパーと、長期にわたって演じている役があります。

光彦は私の中では、比較的演じるのが楽なキャラクターに入ります。まず、日本語をしゃべっているので（笑）。あと光彦は小学1年生ですけれど、裕福な家で英才教育を受けていて頭がいいので、いろいろなことを知っています。だから、引き算は少なめで演じられるんです。でも、だからこそ1年生ということは忘れないように心がけています。

――盛ってはいるけれど、あくまでベースは1年生であると。

だから、随所で大人っぽいことを言ったりする一方で、子供だからこそ気づかない穴だらけの意見を胸を張って言っちゃったりするみたいに、子供だなという部分がちゃんとそれらしく見えないと、光彦

のリアリティがなくなってしまうんです。見ている子供たちに、光彦は〝大人が子供を演じているんだな〟と思われないように、ということを念頭に置いています。

――チョッパーのほうはいかがですか？

麦わら海賊団に入る前にどんな過去があるのかがしっかりと描かれているキャラクターなので、とてもわかりやすいです。履歴書が作品の中にあるので、どういう生まれで、どういう感情を持っているかが確定しているんですよ。普通はその部分をこちらで想像して、足し算したり、引き算したりしながらキャラクターをつかんでいくのですが、そういう必要はなかったです。チョッパーは変形して強くもなれるけれど、戦いよりは人を治したいという気持ちが強いんです。あとウソップと一緒に強そうな敵に本気で震えたりして、お客さんに近い目線を持っているのもチョッパーの役割かなと思います。

大人の役へのプレッシャー

――先ほど、子供役が多いことに葛藤を感じたこともあったというお話も出ました。そのあたりのことを聞かせてください。

やっぱり「それしかできないと思われていないかな」という気持ちになったことはありました。そのときに、周りからよく言われていたのは「どんどん新しい人が出てくるから、(子供役も新しい人にとられて)終わっちゃうよ」と。それは、ガーンとなりますよね。そんなことを言われても「私だって終わりたくないけど、そもそもチャンスをもらえていないじゃん」みたいな気持ちになって。

私自身、仕事を始めてからの年月という意味では、結構経っているんですよ。ただ、その中で子供とか、引き算しなくてはいけない役の経験はすごくあるのですが、引き算をあまり必要としない大人の役

の経験はあまりなくて。だから、もし大人役を演じることになったとして、私の中の大人役の経験値は新人並みなのに、周りからは「キャリアのある大谷さん」として見られるわけですよね。新人なら失敗してもまたチャンスはあるかもしれない。でも、私が失敗したら2度目はない。だから、大人の役は挑戦したい気持ちと一緒に、ものすごいプレッシャーも感じますね。

――そんな大谷さんが大人の女性を演じているのがNetflixで配信中の『フラーハウス』('16)です。『フラーハウス』は、1993年からNHKで放送されたアメリカのコメディ番組『フルハウス』の続編で、前作では小学生だった次女ステファニーが大人になって登場するわけですが、すごく自然で「ああ、ステファニーがそのまま大人になったんだなぁ」と思いました。

ありがとうございます。なによりの褒め言葉です。『フラーハウス』が制作されるにあたって、向こうのキャストさんが『フルハウス』からそのままなので、こっちの声優もそのままでいきたいということを聞いたときは本当にうれしかったです。でも、成長したステファニーを見たらスタイルがボンッキュッボンッになっているじゃないですか(笑)。子供時代はまだ小さくてヒョロッとしていて、身長もお姉ちゃんのD.J.より低かったけれど、『フラーハウス』では身長もD.J.より高いし、胸周りもすごく厚くなっていて。そういう意味では、私の声が合わないと思われてキャスティングされないかも、と思いました。あと、年齢的に話すことは問題ないのですが、大谷育江の声質から、子供のキャラクターがチラチラ垣間見えたら失敗じゃないですか。だから『フラーハウス』の第1シリーズは、子供みたいにならないように、プレッシャーの中、D.J.の坂本千夏《ちか》さん(『となりのトトロ』メイなど)とキミーの伊藤美紀さん(『マリア様がみてる』小笠原祥子など)の3人それぞれで探りながら作り上げた感じでした。特にNetflixさんは、全話収録してから配信なので、収録してオンエアを見て微調整して、ということができなかっ

たんです。だから私自身は「どうかな……？」と不安を感じていたので、自然に聞こえているならよかったです。

——『フラーハウス』のほうにもゲスト的にお父さんのダニー（声・大塚芳忠）、叔父さんのジェシー（声・堀内賢雄《けんゆう》）、ジェシーの友達のジョーイ（声・山寺《やまでら》宏一）も出てきて楽しいですね。

お父さんたちが出てくるとグッと締まりますね。『フルハウス』のときもすごくチームワークがよかったんです。台本だけ渡されていて、映像を見るのは当日。それで2本録りだったのですが、なにしろ主役級の方たちばかりなのでドンピシャで合うんです。だから、笑いながら収録があっという間に終わって。そのあとご飯に行って、二次会に行っても電車で帰れるぐらい余裕でした（笑）。当時から続きがあるならやりたいね、なんて皆で言っていたので、実現して本当にうれしいです。

——大人になったステファニーを演じてみていかがでしたか？

あわよくば大谷育江は大人役もできると思われて、洋画のお仕事も増えないかな？　みたいなことを思っています（笑）。大谷育江といえばコレ、みたいな先入観がちょっと変わってくれないかな、と。年齢的に言ったら20歳過ぎの役のほうが絶対に近いんです。そっちのほうが苦労せず、感情を持っていけます。だけど、そうではない子供のような役に「大谷育江はこれでしょう」と言っていただいているわけで。それはそれで、これまで苦労してきた甲斐があったなと思います。結局、どんな役であっても自分と違うひとつのキャラクターなので、それを演じるときに、過去のキャラクターのパターンを当てはめて演じていたら、見ている人も飽きてしまいますよね。だから、どの役もパターンでは演じられなくて、毎回ゼロから作るしかないんです。そこにはやっぱり緊張感がつきまとうわけで。つまり、楽ができる役なんてないということなんでしょうね（笑）。

冨永みーな

今までも、これからも、キャラクターの魂を演じる

とみなが・みーな
東京俳優生活協同組合所属。実写映画**『鯉のいる村』**（'71）のゆうこ役でデビュー。これをきっかけに劇団こまどりに入団し、**『ウルトラマンレオ』**（キャリー）のやテレビCMなどで活躍。一方で洋画**『大草原の小さな家』**（アリス）から声の仕事もスタート。1980年代にはさまざまな作品の主役、ヒロイン役を演じてアイドル的な人気を得る。その他の主な出演作に**『サザエさん』**（磯野カツオ）、**『風の谷のナウシカ』**（ラステル）、**『魔法の妖精ペルシャ』**（速水ペルシャ）、**『北斗の拳2』**（リン）、**『それいけ！アンパンマン』**（ロールパンナ）、**『機動警察パトレイバー』**（泉野明《いずみのあ》）、**『DRAGON QUEST－ダイの大冒険－』**（マァム）などがある。

『Febri』Vol.45（2017年11月）掲載

劇団こまどりの子役としての出発

――冨永さんは、1971年に神山《こうやま》征二郎監督の映画『鯉のいる村』のゆうこ役でデビューしています。撮影当時5歳だったとか。

そうなんです。母が近所の方からオーディションがあると聞いて、連れて行ったようです。新潟の小《お》千《ち》谷《や》で撮影があったのですが、子供としては仕事をしているような遊んでいるような（笑）。その様子を見た親も「この子はこういうのが好きらしい」と思ったようで、近所にあった児童劇団の劇団こまどりに入れてもらったのが原点ですね。いくつか仕事をするうちに『大草原の小さな家』（1975年から日本放送）というアメリカのドラマに登場する女の子・キャリーを演じることになったんです。それが声のお仕事の始まりでした。

――まだ小学校の低学年ですよね？

収録を始めたときは、小学校2年だったと思います。そのときは、劇団の先生がヘッドホンで原音を聞きながらタイミングに合わせて私の肩を叩くので、それに合わせて声を入れる、というやり方をしていました。1回叩かれたら「パパ」、2回叩かれたら「いってらっしゃい」、3回叩かれたら……という具合で。マイクに届かないので、他の方の邪魔にならない位置にミカン箱みたいな台を置いて、その上に乗ってやっていました。

――先生と二人三脚だったんですね。その2年後にテレビアニメ『あらいぐまラスカル』（'77 遠藤政治、斎藤博、腰繁男監督）に出演します。

実はアニメだと『ラスカル』の前に『みつばちマーヤの冒険』（'75 遠藤政治監督ほか）に人間の女の子役

で出演しているんです。でも、ミツバチの話なので画面に出てくるのは女の子の足だけで。だから、アニメデビュー作と聞かれたときは『ラスカル』のアリス役と言わせていただいています。

――『ラスカル』は主人公のスターリングを演じる内海《うつみ》敏彦さんも子役ですし、スターリングの友達も子役というキャスティングです。

当時は子供役を大人がやるのが当たり前でしたから、あれは珍しいキャスティングだったんじゃないかと思います。音響監督の浦上靖夫さんがリアルさを求めていたからなのかもしれません。内海くんは洋画の現場などでよく会っていた友達のひとりで、天才的でした。

――浦上さんは厳しい方でしたか？

厳しいイメージがありました。男の子が台本を丸めていたりすると、浦上さんは「それはダメだ！」と注意していました。あと、ちょっとでも眠そうにしていると「大人もいるし、仕事なんだから」と子供たちが甘えないように、きちんと導いてくださいました。子役の多くが浦上さんに怒られていましたが、内海くんと私は怒られませんでした（笑）。

――（笑）。こまどりは声の仕事を積極的に受ける方針だったのでしょうか？

当時は洋画はもちろん、アニメの現場でも子供が出入りするような場所ではなかったんです。そんな中で劇団の先生に先見の明があったのか、子供が声の仕事をすることに積極的でした。それがその後の笠原弘子ちゃん（『魔法騎士レイアース』鳳凰寺《ほうおうじ》風《ふう》など）、浪川大輔さん（『君に届け』風早翔太など）、坂本真綾《まあや》さん（『黒執事』シエル・ファントムハイヴなど）といった人たちの活躍につながったのだと思います。

――１９８０年代に入ると、ぐっとアニメの出演作が増えます。

『ときめきトゥナイト』（'82 笹川ひろし総監督）の神谷曜子、『銀河漂流バイファム』（'83 神田武幸監督）のク

レア・バーブランド、『魔法の妖精ペルシャ』（'84　安濃《あんのう》高志監督）の速水ペルシャですね。それをきっかけに歌を歌わせていただいたり、ラジオやイベントに出演させていただくことができました。ＯＶＡ『BIRTH』（'84　貞光《さだみつ》紳也監督）でもイベントにたくさん出演させていただきました。

――『バイファム』は改めてキャストを見ると、こまどりの方が多いことに気づきます。

こまどりと、ぷろだくしょんバオバブの方がメインでした。『バイファム』は子供が大勢出てくる作品なので、バオバブが中心の大人グループとこまどり中心の子供グループがあって、とても仲のよい現場だったんです。ロボットアニメではありますが、戦争に巻き込まれた子供たちが中心のドラマのような作品でした。機会があったら自分の子供に見せたいと思っているもののひとつです。

――当時のアフレコはどのような感じでしたか？

『バイファム』のときは、学生だったメンバーは制服のまま収録に来ていました。収録が水曜日の16時からだったかな？　終わるのが20時頃だったのですが、制服で帰宅していると、大人に「こんな遅くまで……」と不良を見るような目で見られたりして。「違うのになあ……」と思いながら帰宅して。それで次の日はもちろん高校に行くわけです。

――ハードですね。

でも、他の劇団の子もそうだと思いますが、部活動をやっているような感覚でした。親からずっと「特別じゃないからね」と言われていましたし、劇団の他のみんなも芸能人というような特別な感じじゃなく、習い事を一生懸命やっている感じで。今も親交があるこまどりの先生が「勉強ができなかったらダメ」という姿勢の方だったので「学校はちゃんと行って宿題もやる。お芝居はそうじゃないとできないことだ」という教えがありました。

――とても教育的ですね。

きっちりしていました。こまどりにはキャッチフレーズみたいなものがあったのですが、それが「思い出作り」というものでしたから（笑）。

――その道のプロになることだけを前提にしていないんですね。

男の子は特に「ちゃんと大学に行って、ちゃんと就職する」ということを言われていました。「今ここで学んでいる仕事に対する責任感などは、人生の上ではとても勉強になることだから、こまどりを卒業したあと、いろいろな世界で頑張ればいい」と。女の子に対しては、そこまでではなかったのですが、それでもみんな学校と仕事を両立していました。ちょっとでも勘違いをしたら、先生からすごく怒られたと思うし、もしかするとこまどりをやめさせられていたかもしれません。

大人な現場『パトレイバー』

――その頃、冨永さんには「声優」という意識がありましたか？

そもそも、当時は「声優」という呼び方がなかったんですよ。アニメが好きな人たちの界隈では使われていましたけれど、世間的には全然使われていなくて。高校生とか大学生くらいのときに、お芝居の活動をしていることを周りに言うと「どんな仕事をやっているの？」と聞かれるんです。それで「声優」と言うと、大人は必ずスーパーマーケットの「西友」を思い浮かべるという（笑）。だからなのか、当時は取材を受けたときは、あまり肩書を書いていなかったような気がします。それがだんだん声優という言葉がポピュラーになってきて「声優・タレントと書きますか？」とよく聞かれるようになりました。事務所によっては「タレント・声優」にしようと提案されたり、そこはいろいろな考え方がありま

すね。逆に舞台のお仕事をしても「声優・冨永みーな」と表記されることがあったので、それはとても不思議な感覚でした。

――「声優」としての初主役は『魔法の妖精ペルシャ』のペルシャ役ですね。

『ペルシャ』のときは18歳、高校2年生ぐらいでした。ペルシャの幼なじみの室井力《りき》役が水島裕《ゆう》さん（『六神合体ゴッドマーズ』マーズなど）だったのですが、裕さんは大人気で女性ファンの方たちがたくさん出待ちをしていました。私にとってはお兄さん的存在で、アフレコが遅くに終わると、車で送ってくれるんです。ありがたかったのですが、スタジオを出てその車に乗るとき、ファンの皆さんからの「なんでこの子が……」という視線が……（笑）。でも、ファンの方は、裕さんのそういう気配りができるような優しいところも好きなんです。だからファンも私も複雑な心境で、きっと一番複雑じゃなかったのは裕さんだと思います（笑）。その後、裕さんのマネージャーさんが送ってくださるようになりました。あと、クラスメイトの篠川紀信《きしん》役だった渕崎ゆり子ちゃん（『少女革命ウテナ』姫宮アンシーなど）もこまどりで、ふっちゃんとはこの作品で仲良くなったんです。音響監督の藤山房延《ふさのぶ》（現・藤山房伸）さんも優しくて、私にとってはありがたい環境の作品でした。

――同年には映画『綿《わた》の国星《くにほし》』（'84 辻伸一監督）で主人公のチビ猫も演じています。

『綿の国星』は、原作の大島弓子さんとお会いする機会を設けていただいたのですが、あれは初めての経験でした。あと、ブチ猫役の永久勲雄《ながひさいさお》さん（『とんがり帽子のメモル』オスカーなど）もこまどりで、改めて先生はすごいなと。初めて歌を歌わせてもらったのも『綿の国星』でしたね。音楽がリチャード・クレイダーマンで、なぜか英語で歌いました（笑）。

――高校卒業後は、日本大学芸術学部に進学しています。

映画学科の演技コースに入りました。そのコースは20人ぐらいの少人数だったので、みんなとても仲が良かったです。同級生の中には俳優の西村和彦さんもいました。そんな中で、高校までは学校を休むことはほとんどなかったのに、大学生になって普通に仕事を受け始めたら、どうにも授業に出席できなくなってしまって。いろいろなご厚意で支えていただいたにもかかわらず、大学は2年でやめてしまったんです。

——どうしてですか？

友達から「仕事をしているのに、なんで学校に行っているの？」と言われて、そうだよなと思ってしまったところはありました。一応進学はしたけれど、若さゆえにあと2年間が自分の中では長く感じたんだろうな、と。と言うか、本当に出席日数が足りなくなっていたので、残りの年月は既に2年では足りないわけで（笑）。だから「働いているんだから仕事をちゃんとすれば」という言葉を聞いて、そっちにいく決断をしたんです。やめるという話をしたら、初めて親に反対されましたけれど。

——それまで反対はなかったんですね。

はい。それまでは私がガシガシ決めるのではなく、どちらかと言うと「言われたらやる」「やる以上は頑張る」みたいな回路でずっとやってきたんです。だから、親としても初めて私がそういうことを言い出した、という印象だったと思います。今にして思えば、親としては何としても大学をやめさせない方向に持っていきますよね。ただ、成人して仕事もしていたので、親もそこまで引き止める材料がなかったのかもしれないです。それで、そのままやめました。

——大学をやめたことを後悔していますか？

後悔がないと言えば嘘になります。特に自分に子供がいるので余計にそう感じるのかもしれないです。

でも、じゃあ悔やんでも悔やみきれないほどかと言うと、そうでもないです。そういう経験があったからこそ、今の私があるわけで。私自身は今の自分になれたことをありがたいと思っているので。

――大学をやめて専業となって、変わったことはありましたか？

やっぱり意識が変わりました。それまでは学生という本分があり、そこを前提に習い事として〝役者〟をやらせてもらっていたわけです。それが学生という肩書がなくなって、習い事のような位置づけだった〝役者〟が自分の職業になるんだ、と迫ってきて。そこで大きく変わりました。

――改めて役者という仕事と向き合った感じですか？

はい。これからはこれでやっていくんだと思いました。それで、そこで自らこまどりも卒業しました。

――子供時代の終わりがきた感じですね。

ちょうどその頃に三ツ矢雄二さん（本書第III部）が舞台をやるということで、誘っていただいたんです。三ツ矢さんとこまどりの西村（サエ子）先生は仲が良くて、それで先生も安心して送り出してくださったんです。そこからしばらくは三ツ矢さんの事務所にいました。

――その頃ですよね。写真集（『パーフェクトみーな』）を出版したのは。

高校生か大学生のときに、アイドルの大場久美子さんが写真集を出されているのを見て、写真集に憧れはありました。そのあと、先生と一緒に劇団内で自分のカレンダーか何かを作る機会があり、それで味をしめちゃったんです（笑）。20歳の記念に写真集とアルバム、それにコンサートという計画を立てたレコード会社の方がいらっしゃったので「20歳の記念！」という素直な気持ちと「私でいいのかな？」という気持ちの両方の中でやりました。今は写真集＝水着や薄着みたいな流れもありますけど、当時はそこまで求められていたわけではなくて、絵日記みたいな感覚でした。

――『機動警察パトレイバー』（'88 押井守監督）は来年30周年になります。主人公の泉野明《いずみのあ》役はオーディションがあったのですか？

なかったと思います。音響監督の斯波《しば》重治《しげはる》さんとは『めぞん一刻』（'86 やまざきかずお監督ほか）でお会いしていますし、一方で『究極超人あ〜る』のCDドラマ（'87）などに出ていたので、マンガ家のゆうきまさみさんとのラインもあって、それが合致したところで「じゃあ……」となったのだと思います。『パトレイバー』はキャスティングが粋で、当時声優よりも俳優として活躍していらっしゃった大林（隆介）さん（『らんま½』天道早雲など）や、他にも榊原（良子）さん（『機動戦士Z《ゼータ》ガンダム』ハマーン・カーンなど）、井上瑤さん（『機動戦士ガンダム』セイラ・マスなど）もいらっしゃって、声だけでものすごく魅力的な並びでした。そんな中に林原めぐみちゃん（『スレイヤーズ』リナ＝インバースなど）が入っていたりして、斯波さんを始め、制作の方々は次世代を担う人たちもちゃんと見ているんだなと。めぐみちゃんとは年が近かったので、今でも交流があります。

――野明というキャラクターはあまり女の子っぽくないですよね。

中性的だとよく言われました。今日こうやってお話してどう思われているかはわからないですが、私の性格はもともと女度合いが少ないんです（笑）。だから、野明は近いのかもしれないです。それより前のヒロインだと「可愛くしなきゃ」という意識が多かれ少なかれあったのですが、野明は自然に演じられました。男の人に対しても女の人に対しても口調が変わらなかったり、我が道を行くタイプで、自分ひとりになるとはしゃぐようなところが自分とダブるのかもしれないです。ナレーションをやっているときが野明に近いと最近でも言われたりします。さらに、周囲の役者の皆さんがベテランだったので、そこに乗っかっていくというか……。野明と先輩や隊長との関係性が自分と重なる感じだったので、よ

り素に近い状態で演じられたというのもありました。斯波さんは、よく「とにかくリアルに。作らないで」とお話されていましたね。

――『パトレイバー』のようなオリジナル企画の第1話は、キャラクターのイメージをつかむのに時間がかかるのではないでしょうか？

『パトレイバー』の場合、スタッフの方々の中ではキャスティングの時点で80パーセントOKが出ていたのかなと思います。その上で、第1話というのは私たちにとっても大事なものなので、キャラクターの第一印象を決めるためにこだわって録っていた記憶があります。斯波さんはもともと丁寧に収録される方なのですが、大人な現場だったので、時間がかかっても黙って待つみたいな雰囲気でした。

――『パトレイバー』は息の長いタイトルになりました。

OVAと映画、テレビをやって、アニメファンの以外の方にも名前を知ってもらえるきっかけになりました。それに作品ファンの方が業界にとても多くて、現場でも「実は『パトレイバー』が大好きで……」という方によく会います。

カツオの魂を大切に演じる

――一方で『サザエさん』（’69 渡辺米彦監督ほか）の磯野カツオ役も、もう20年になります。

最初にカツオを演じたのは、本当に急な話だったんです。その日は浮江《うきえ》さん役で入っていたのですが、音響監督さんから「（高橋）和枝さんの具合が悪いのでちょっと録らせて」と言われて、「私ですか⁉」と驚いて。でも、当時音響監督だった岡本知さんは大好きなディレクターさんだったので「この方が言うんだからできなくてもやるべきだ」と。やらないという選択肢はなかったです。その場でディレクショ

ンを受けながら演じたのですが、間近で和枝さんのお芝居を見ていたことが自分の中に強く残っていました。和枝さんはカツオくんの魂をすごく大事にしていらっしゃった先輩だったので、声は違ってもいいから、そこだけは大事にしようと。だから、そのときはプレッシャーを感じたり、覚悟をするというようなことは特にありませんでした。

――カツオ役が交代することはニュースにもなりました。

和枝さんがカツオ役を演じるために病気と闘っているようなところがあるのを見ていたので、私は戻ってきてほしいと思っていました。だから、ニュースは先走った印象で当惑しましたね。それからは毎週カツオくんも浮江さんも演じなくてはいけなくて、とにかく全力でやらないと……という思いだけでした。だけど視聴者にとっては、あるときから和枝さんではなく私が演じているということは事実なわけで「麦茶だと思って飲んだらコーヒーだった」みたいな現象は起きていたと思います。

でも、それはもともと違うものなので、違うと言われても……。そこについての覚悟というか、割り切りはありました。大事なのはカツオを大切に考える魂で、声が違うのはごめんなさい、と。あとはディレクターさんがＯＫを出してくれたのなら、そこが私たちにとってのＯＫなので、それを信じようと。例えば、オーディション。誰かが「冨永みーなは？」と言ってくれたから、その役を演じることができたということがありますよね。ならば「この仕事ではその人に恥をかかせてはいけない！」と思うんです。まず、自分を信じてくれたその人のために頑張るという回路が私の中にはあるみたいです。

――カツオを演じてからの20年間は「あっという間」という感じでしたか？

難しい質問ですね。あっという間と言っていいのか、いろいろありましたと言っていいのか……。先ほどお話しした通り、やっていることは「カツオの魂を大切に演じる」ということだけなんです。でも、

同じことをどれだけ同じくらいの熱量を維持しながらやり続けられるのか、という大変さはありました。長寿の番組はいくつかありますけど、それに携わっている方はきっと同じような大変さがあるんだろうなと思います。変わっちゃいけないものと、自分や環境といった変わりゆくものがあって。そこで、「変わらないぞ！」と頑なに考えすぎるのもダメなんです。これは女の子を演じるときに、可愛くやろうとすると変に幼くなってしまうのと同じです。「変わらないぞ‼」と抵抗しすぎると、それまでの自分をなぞり出してしまって、おかしくなったりするんです。

――負のスパイラルですね。

そう思います。だって普通、変わりますよね？　第1回の放送と何回目かの放送では、キャスト全員が成長しているわけで。同じでいるために、変わっていくということもあるのかなと思います。

――カツオ役の印象が強いですが、フィルモグラフィーを振り返ると、あまり少年役はやっていないですよね。

そうなんですよ。

――『るろうに剣心－明治剣客浪漫譚－』（'96　古橋一浩監督）の明神《みょうじん》弥彦くらいでしょうか。

弥彦に決まったのは、三ツ矢さんのおかげなんです。三ツ矢さんは『るろうに剣心』でアフレコ演出をやっていたのですが、私の舞台の本番の日にやってきて「男の子役できる？」と聞いてきたんです。特にやったことはなかったのですが「できます」と。それで楽屋でテープを録って、提出しました。

――三ツ矢さんの見る目ですね（笑）。

そうなっちゃいますかね（笑）。多分『サザエさん』のディレクターの岡本さんが私にカツオを演じるように言ってきたのも、何がなんでも成立させようとする根性が買われていたのかなと思います。

アニメの〝内〟と〝外〟

――『ときめきトゥナイト』の神谷曜子など、少しいじわるな女の子の役もやっています。

曜子のときに初めていじわるな役をやらせていただいたのですが、おおいに羽根を伸ばしてやることができました。そのあと『タッチ』（'85 杉井ギサブロー総監督）で、新田由加《ゆか》というヒロインの横から入ってくる役もいただいて。やってみると、そういうライバル的な女の子の役のほうが面白いと思いました。こうして女の子しかやっていなかったのに、なぜキャリアが20年ぐらいになったところで、突然立派な男声をやるようになったのか。無理をしているんですかね？（笑）

――無理には聞こえません。一方で冨永さんであることも自然に声でわかります。

冨永みーながやっていることは知っているけれど、カツオだよね、と。

――そうです。

一番ありがたい言葉です。私はキャラクターのフィルターがかかった状態のほうが好きなんです。最近はそういうフィルターが薄れているような気がしていたので。

――それはどういうことでしょうか？　好ましくないという意味ですか？

そういうことでもないんです。最近は、舞台裏を見せることが当たり前になってきていますよね。昔は声優が前に出る時代ではなかったけれど、そういう移り変わりがあるんだなと思って、どうなるのか見守っている感じです。2012年に『スマイルプリキュア！』（大塚隆史シリーズディレクター）と『つり球《たま》』（中村健治監督）と『HUNTER×HUNTER』（神志那《こうじな》弘志監督）の3本が重なったのですが、作品についての取材は〝アニメの内〟のことなので受けさせていただいたんです。この〝アニメの内〟とか〝外〟を

意識している時点で、時代遅れなのかなとも思います。今は声優でもバラエティ番組に普通に出演していますからね。

——冨永さんは、実写映画でデビューしていますし、モノマネ番組に出たこともありますよね。だから、あまり〝アニメの内外〟を気にしていないのかと思っていました。

気にしていませんでした。むしろ外に出ていったのは人よりも早かったかもしれません。

——ちょっとお話を戻しますが、大橋巨泉事務所に所属していた時期がありますよね。

三ツ矢さんの事務所が解散になって、その後フリーになりました。でも、フリーは結構大変だったんです。そんなときに、競馬場のモニターを見ていたらレポーターのオーディションがあることを知って。そのオーディションを仕切っていたのが大橋巨泉事務所で、それが縁で所属することになりました。大橋巨泉事務所はナレーションが中心だったので、その仕事もするようになって、たくさん勉強させてもらったんです。演劇方面から来たので、堅いものよりは表現のあるものを振ってくれたのも助かりました。ナレーションのタイミングがバッチリ合うと「洋画の経験もアニメの経験もこの瞬間のためにあったんだ」と感じることができました。以前、ある方が「ナレーターは額縁だ」とおっしゃっていたんです。同じ写真でも、どの額縁に入れるかで印象が違う、と。そこにナレーターのやりがいがあるわけで、その通りだなと思いました。

——ナレーションのやりがいについては、速水奨さん（本書第一部）もおっしゃっていました。

わかります。そういうお仕事のひとつとして『走れ！歌謡曲』というラジオをやらせていただいたんです。それは以前、戸田恵子さん（『キャッツ♥アイ』来生《きすぎ》瞳など）も担当されていた番組で、オファーが来たときはとてもうれしくて。ディレクターさんのアイデアで、その番組の最後に誰かのモノマネをしな

がら歌うというコーナーが設けられたんです。そこで、メイクをして瀬川瑛子さんの歌を歌わせていただいたりして。その様子をマネージャーがテレビ局に持っていったんです。

――そのラジオ番組がきっかけで、モノマネ番組の出演につながったんですね。

そうなんです。そして、山寺《やまでら》（宏一）さん（『カウボーイビバップ』スパイク・スピーゲルなど）をお誘いしました（笑）。私は途中で出演しなくなりましたが、山寺さんは今もやっていらっしゃいますよね。モノマネで一番勉強になったのは何度も曲を聞くことでした。しかも、普通に流すのではなく、一時停止しながら1ワード1ワードをゆっくり聞いていくんです。そうすると、どこを抜いて、どこに力を込めているか、どこで思いを乗せているかがよくわかるんです。それをやったことで、語尾の処理に気をつけたり、ナレーションでも、言葉を置くところによって聞き心地が全然違ってくることがわかりました。それを全部コントロールしきれているかはわかりませんが、そこに気がつくようになったのは大きな意味がありました。

――モノマネもナレーションや演技とつながっていたんですね。

でも、そこで気がついたことによって止まってしまった自分もいました。

――それはどういうことでしょう？

一時期フリートークがちゃんとできなくなってしまったんです。「冨永みーな」としてしゃべることが怖い、というほどではないですが、スッキリしないことが増えました。そういうときにアニメのお仕事に行くとホッとして。キャラクターというフィルターを通した台詞だったらしゃべれる、と。私にしては珍しくそういう時期があったんです。

――そんなこともあったのですね。

〝アニメの内外〟を意識するようになったのは、そういうことがあったからなのかなと思います。だから作品を見るにあたっては、誰が演じているかという情報は余計じゃないかと思うときがあります。名前を伏せて、お芝居がよかったら業界の人だけが調べられるとか、そういうことでもいいのかなと。『サザエさん』を見るときに私の名前が先入観を与えるのなら、カツオというキャラクターだけを見てほしいなと思います。

キャラクターの体勢を大事にする

――アニメの外に出た経験があるからこその感覚ですね。話題の方向がちょっと変わりますが、こまどりの先生以外に、お世話になった恩師や先輩を挙げるとしたらどなたになりますか？

親しい関係というと、三ツ矢さん、戸田恵子さん、藤田淑子《としこ》さん（『一休さん』一休など）です。他にも挙げればたくさんいますが、このお三方は絶対に外せないくらいの大好きな先輩たちです。プライベートまでお付き合いをしていると私が言ってもいいのはそのお三方だと思います。

――戸田さんと藤田さんとはどういう接点でお友達になったのでしょうか？

戸田さんは三ツ矢さんと親交があったので、三ツ矢さんの事務所にいたときからお食事などをしていましたし、そのあと『それいけ！　アンパンマン』（’88　永丘昭典監督）でもご一緒させていただいています。藤田さんはもともと大好きな方だったのですが、『地獄先生ぬ～べ～』（’96　貝澤幸男《ゆきお》シリーズディレクター）で私が（細川）美樹というボインちゃんを演じさせてもらい、藤田さんは立野《たての》広という男子生徒の中で一番大事な役を演じていました。そのときからお話させていただく機会が増えて、そこからずっとお付き合いさせていただいています。三ツ矢さんと藤田さんと戸田さんはもともと仲がよかったので、そこ

の一翼に私も少し加えていただけているのかもしれないと思って、うれしく感じています。

――それは素敵ですね。

その他にもお世話になっている方は大勢いますが、『開運！　なんでも鑑定団』のナレーションでずっとご一緒させていただいている銀河万丈さん（『装甲騎兵ボトムズ』ロッチナなど）も素晴らしい方です。銀河さんは毎月第3日曜日に朗読会をやっていらっしゃって、朗読する姿を目前で見ることができるんです。もちろん、私も行きましたが素晴らしかったです。勉強をしている方にはぜひ見てほしいです。あの安定感たるや、銀河さんがやってこられたナレーションの数を考えずにはいられません。あんなにやっていらっしゃる方が毎月勉強されているんですよ？　やっぱり、表現というのはそれくらい磨くものなんだなと感動しました。

――冨永さんは、キャラクターとの距離をどのようにつかんでいるのでしょうか？

意識をしたことがないです。

――そうなんですか。

例えば、『HUNTER×HUNTER』のセンリツも『スマイルプリキュア！』のマジョリーナもそうですけど、まずキャラ表がファックスで流れてきます。それを見ると、かなり個性的なルックスだったり、おばあちゃんだったりするわけです。そのときはまず「私がこの役で合ってるの⁉」と思うんです。カツオくんをはじめ、私は「⁉」から始まることが多いですね。でも、だからこそ楽しめているんだと思います。

――「⁉」で始まって、そのあと気持ちはどのように変わっていくのでしょうか？

「⁉」→「誰かがいいと言ってくれている」→「背中を押される」→「もう現場に来ちゃった」→「何

を出す？」みたいな流れです（笑）。勘違いかもしれないのですが「今までやってこなかったけれど、ここで何かが出るんじゃないか」というちょっとした期待を自分自身に感じているのかもしれません。だから、あまり役柄と自分の距離は考えていないんです。むしろ今一度思っているのは、画面の中に出てくるキャラクターの体勢を大事にしようということです。

――体勢ですか。

どうしても、アフレコのときに自分が正面を向いてモニターを見ながらしゃべっているのに慣れてしまう感触があるんです。だからと言ってしゃがんだり寝転んだりもできませんが、絵の中の人たちの姿勢は自由なので、体勢を意識することで、もしかしたらキャラクターの声をもっと立体的に感じてもらえるときがあるのでは？　と考えています。

――それは声のお芝居の原点ですね。

ナレーションもそうです。慣れてくると、自分の置きやすい場所に語尾を置くようになるんです。でも、そうするとそれは自分のリズムでただ言っているだけなので、聞いている人には内容が入ってこなくなります。意識するのは、あくまでも聞いている人のリズムだったり、聞きやすいトーンだったり、ディレクターさんがどこを伝えたいかであるべきで。慣れすぎず、ひとつひとつ大切に、さまざまなお仕事に挑み続けたいと思っています。

田中真弓

「田中真弓」という看板だけで出られるようになりたい

たなか・まゆみ
青二プロダクション所属。学生時代から演劇の道を志し、たまたま知り合った人にすすめられてテアトル・エコーを受験して合格した。元気な少年役の第一人者で、代表作は**『巨神ゴーグ』**の田《た》神《がみ》悠宇《ゆう》、**『南国少年パプワくん』**（パプワ）、**『天空の城ラピュタ』**（パズー）、**『魔神英雄伝ワタル』**（戦部《いくさべ》ワタル）、**『ONE PIECE』**（モンキー・D・ルフィ）など主役を多数演じている。サブキャラクターでも**『うる星やつら』**（藤波竜之介）、**『ドラゴンボール』**（クリリン）、**『幽☆遊☆白書』**（コエンマ）といった印象的なキャラクターが多い。アニメキャラクター以外ではNHK教育テレビの**『おーい！ はに丸』**ではに丸を6年間にわたって演じた。

『Febri』Vol．51（2018年10月）掲載

10人見たら10人がわかる芝居を

――田中さんは今年（2018年）、『機動戦士ガンダム THE ORIGIN』（安彦《やすひこ》良和総監督）でシャアの少年時代・キャスバルを演じていました。やはり安彦監督の作品に田中さんは欠かせないのだな、と思いました。

『巨神ゴーグ』（'84）と『アリオン』（'86）がありますからね。私は『ガンダム』作品にこれまで1本も出ていないし、かすってもいないんです。それぐらい縁がなくて。逆に「かえってよかったのかも」とも思うのですが、やっぱり池田（秀一）さん（『名探偵コナン』赤井秀一ほか）の子供時代というのは難しいですよ（笑）。関係者の皆さんが危惧されていたのは〝田中真弓〟にイメージがつきすぎているということでしたから、私色が出ないように演じました。普段だと、ちょこっと演じるひと役でも、いやらしく田中真弓を置いてくるところがあるんです。でも『ガンダム THE ORIGIN』では、普段だったら出そうとするところを削《そ》いで演じました。いつもと逆で、削ぐほうが大変ですね。

――「やらないこと」の難しさなんですね。

そうですね。できるだけ濃い芝居をしないように心がけました。基本的にアニメは絵なので、演技で説明――わかりやすい芝居という意味ですね――しないといけない部分があるんです。例えば、世の中にはすごく驚いていても「（静かな調子で）驚いたなぁ」という性格の人もいるはずですよね。でも、アニメ的にはそうはならない。なぜかと言うと、絵がそういう絵ではないから。やっぱり、驚いたときは目を見開いている絵がくるんです。そうすると、そこに見合う音量が必要になる。日常生活を見せるような演技とは違う、類型的な芝居というか、説明的でわかりやすい、10人が見たら10人が驚いているとわ

かる芝居を要求されるし、アニメはそうせねばならない仕事だとも思っています。そして削ぐときは、そういうところを削いでいくわけです。

テアトル・エコー時代の大抜擢

――先ほどタイトルが出た『ゴーグ』も『アリオン』も、音響監督は千葉耕市さんです。調べてみると千葉さんとのお仕事は『森の陽気な小人たち　ベルフィーとリルビット』（'80　林政行チーフディレクター）までさかのぼるんですね。

『ベルフィーとリルビット』は、自分としては「ここでプロデビューした」という印象を持っている作品です。厳密に言えば、本当のデビューは『激走！　ルーベンカイザー』（'77　布川ゆうじチーフディレクター）の18歳社長令嬢・高木涼子（笑）ですけれど。『ルーベンカイザー』のときは、私はまだ劇団（テアトル・エコー）の養成所にいて、しかも1年目だったんです。

――それは大抜擢です。

大抜擢といえば大抜擢ですが、自分の中では苦しい思い出なんです。今考えると、まだ劇団に入ってもいない養成所の人間――研究生にもなっていないわけです――が、仕事をもらうということがどれだけ掟破りだったのか。仕事がほしいと言っている劇団員が多い中、まだ劇団に入るかどうかもわからない1年目の人間を抜擢したということは、劇団内で相当な批判があったと思います。だから、当時は周囲のエコーの方がものすごく怖かったです。その中で、主演（速水俊介）の三ツ矢雄二さん（本書第Ⅲ部）だけが外部の事務所だったので、手取り足取りいろいろ教えてくれたんです。その結果、すっかり離れられなくなりました（笑）。

――テアトル・エコーに入ったときは、声の仕事をやることは想定していましたか？

思ってもみませんでした。やっぱり、映画に出たりテレビドラマや舞台をやりたかったんです。自分の身体を通して表現するのが好きだったので、声の仕事は思いもよらなくて。でも、喫茶店のアルバイトをするよりはお芝居をしたかったので、うれしかったです。声だけとはいえ、お芝居ですから。他のアルバイトをするよりは充実感がありました。

――デビュー作の『ルーベンカイザー』でそれだけ苦労をして、そのあと声の仕事が怖くなりませんでしたか？

なりました。それで、ちょっと間を置いて『野ばらのジュリー』（'79　葛生《くずう》雅美監督）のハインリッヒという少年をやったときに、周りが「少年役で使えばいいのか！」となったんです。自分の声が男の子の声だとは思っていなかったですし、声だけでやろうとも思っていなかった。でも、ハインリッヒが転機になって、そこからオーディションでは少年役で呼ばれることが多くなりました。

――キャリアのかなり早い時期で大きな転機があったんですね。

『野ばらのジュリー』もエコーのユニット（ひとつの作品のキャストをひとつの劇団で担当すること）だったんです。その頃に納谷《なや》悟朗《ごろう》さん（『ルパン三世』銭形警部など）に「悪かったな。あのとき（『ルーベンカイザー』の頃）、田中真弓は俺のお友達ではなかった」と言われたんです。これはどういうことかと言うと、養成所で有望視されていてもエコーに入らない人もいるんです。だから「養成所を出て研究生になって、劇団に入るまではお友達ではないよ」と。そういうことも、あとになってわかるわけです。

――そこにはひとつの線があったのですね。

そうですね。そうやって思い出すと、当時のアフレコ現場は新人ひとりにベテランが大勢というのが

当たり前の環境だったので、みんなが面倒を見てくれました。ときにいじめられるということも含めて、鍛え上げられました。今は逆なんですよ。新人がたくさんいて、ベテランはそれに囲まれて小さくなっている（笑）。そういう意味では、厳しく育てられた世代の私は幸せだったのかもしれないです。今みたいに、新人がどっさり出てこない時代でしたから。

――当時を振り返って恩師を挙げるとしたらどなたになりますか？

槐柳二《さいかちりゅうじ》さん（『天空の城ラピュタ』老技師など）、熊倉一雄さん（『パンダコパンダ』パパンダなど）、あとは声楽家の宮本貞子さんです。皆さん亡くなってしまいました。宮本さんは歌の先生でした。私は歌が好きで、エコーに入る前に作曲家の鈴木邦彦先生についていていて、『ロッテ歌のアルバム』などのバックコーラスで出演していました。だから、自分でもちょっと歌がうまいと思っていたんですね。それで最初の授業のときに、生徒が自由に1曲歌うということがあって。他の人がカンツォーネとかミュージカルの歌を歌う中、私だけ梓みちよの『ふたりでお酒を』を歌ったんです。しかも、聞いている人の前まで行って「うらみっこなしで～♪」と（笑）。そのときにピアノを弾いていた宮本先生が「あなたさ、歌がうまいと思っているでしょう。下手よ。あなたがそのことに気がつかないと、私は来週から教えられないのよ」と言われて、もうズタズタだけどにっこり笑って「へんっ」という顔をしました。まぁ、泣きながら帰りましたけどっ！（笑）若さゆえですね。

声の芝居、身体の芝居

――（笑）。そして、ハインリッヒ以降はもう少年役が基本という感じになりますね。

得意分野が少年とブタという。豚は忍豚《にんとん》（『さすがの猿飛』'82 佐々木皓一チーフディレクター）とベイブ（『ベイ

ブ』'95 クリス・ヌーナン監督）をやったものだから（笑）。

——アフレコにはすぐ慣れましたか？

慣れましたが、慣れていくことが、役者としては難しい状態になるという部分はあるんです。ずっと舞台をやっていたのに、声で演技をすることに慣れてしまうと、身体を通してのお芝居ができなくなってくるという。そこが怖くて怖くて……。だから、今も年間に7本も舞台をやっちゃうんです。「こんなに忙しいのに、身体を壊してまで何で舞台をやるのか」とよく聞かれるのですが、それは怖いからです。声だけの演技に慣れすぎると、どんどんそうなってしまいますよ。身体がついていかなくなります。

——声と身体が切り離されることに慣れてしまうのが怖いわけですね。

一番望ましいのは、普段と変わらずに身体を使ってお芝居をやっていて、たまたま声だけが持っていかれた状態がいいんです。でも、先ほど話したようにアニメで求められる芝居は決してそうではないんですよ。上手な人は、さじ加減で求められていることは求められることでちゃんと置いていくようにお芝居をしつつ、驚いても単純に目を見開くようなことはしなかったりするんです。見開いた瞬間に説明的になってしまいますから。お芝居の面白さというのは、その部分をどう考えて表現するかという部分なんです。でも、アニメは絵がありますし、そこは求められていないんです。絵もわかりやすく表現されていることが多いから、どうしてもそういうお芝居をせざるを得ない。

——お話を聞いていて、ジョバンニを演じた『銀河鉄道の夜』（'85 杉井ギサブロー監督）のことを思い出しました。『銀河鉄道の夜』も記号的ではない、削ぎ落とす方向の演技だったと思います。

『銀河鉄道の夜』は演じられてうれしかったです。濃い芝居や言い方が求められない作品でした。アニメでそういう作品もありますが、そうでないものが多くて……。宮崎（駿）監督が声優を起用しないと

いうのは、きっとそこが理由だろうと思います。

――宮崎作品と言うと、主人公・パズーを演じた『天空の城ラピュタ』（'86）はどうでしたか？

最終のオーディションで、私と横沢啓子（現・よこざわけい子、シータ役）は、宮崎監督と一緒の部屋に入るように言われました。当時から、私も横沢啓子も〝声優〟と呼ばれている人です。そこで第一声が「僕は声優の演技が嫌いなんですよ」と。それは「説明的な芝居をするな」という、釘を刺す意図だとすぐわかりました。

――田中さんは、俳優／声優という区切りに、ある種の葛藤を感じた時期はありましたか？

30〜40代の頃、声優というレッテルが取れないと感じたときに、すごくもどかしさはありました。雑誌のインタビュー記事に「声優・田中真弓」と掲載されているので「〝女優〟になりませんか？」と尋ねると「女優なんですか!?」と驚かれるんです。世間一般では、映画やテレビに出ている人が「女優」なんですね。だからそこを踏まえて「舞台俳優ならどうですか？」と尋ねたりもしました。

――それは今は違うのですか？

今は「声優・田中真弓」ということでいいんじゃないかと思っています。私の小劇場活動を見ている人は、世間一般からしたら、ものすごくわずかですから。特に地方の人などはわからないかもしれません。それならば、認知されることのほうがありがたいじゃないですか。「声優として認知されているんだから、それはありがたく受け入れましょう」という感じになりました。でも、それは30代後半の焦りの時期を過ぎてからですね。

チビ太は私です

——少年役を演じる一方で、ギャグアニメも多くやっていると思うのですが。

私はギャグのテンポに合わせていくのは好きなんです。『ダッシュ勝平』（'81 林政行、原征太郎チーフディレクター）も好きでした。

——ギャグと言うと、実質主役だったチビ太を演じた『おそ松くん（第２期）』（'88 鴫野《しぎの》彰監督）もありますね。

赤塚不二夫作品の楽しさは、キャラクターの役どころが決まっていないお話がいろいろ出てくるところなんです。チビ太もエピソードによって大金持ちの社長だったり、すごくかわいそうな孤児だったり、毎回シチュエーションが違うんです。それに合わせて、イヤミとの関係も違いますし。

——江戸っ子の口調は田中さんが考案したそうですね。

「てやんでぇバーローちくしょーっ！」（笑）。

——（笑）。それは自然と出ちゃったんですか？

出ちゃいました。ちび太が簀《す》巻《ま》きにされて川に流されるシーンがあって。台本には「このっ！」とか「ちきしょうっ！」とか書いてあるのですが、それに対して流されるシーンの尺がとにかく長いんです。「これは面倒くさい」と思って「てやんでぇバーローちくしょーっ！」とずっと続けていたら、翌週からそれが定番になりました（笑）。……自分に一番向いていたキャラクターは、チビ太ですね。まんまです。チビ太は私でした（笑）。無理がないというか、そのまま演じても「この声、田中真弓さんでしょ？」と言われない役です。私のままが、そのままチビ太らしいという。だから歩き方もチビ太に似て

いてチビ太歩きと言われるんですよ（笑）。

――そういうアニメならではの誇張されたお芝居の面白さもありますよね。

そうですね。ギャグの多いアニメで、のどチンコが見えていたりとか、輪郭から目が飛び出ていたり、口がはみ出ていたり、そういうギャグの表現に合わせていくのは好きです。

――『未来警察ウラシマン』（'83　真《ま》下《しも》耕一チーフディレクター）のジタンダもそうですが、初期はタツノコプロの作品が多いですね。

そうですね。拾ってくれたのが音響監督の水本完《かん》さんだったので。

――水本さんはどんな方ですか？

最初の頃は厳しかったです。途中からは好々爺でしたけど（笑）。

――音響監督と言うと田中さんは先述の千葉耕市さん、水本さんと縁深い印象です。

あとは『うる星やつら』（'81　押井守チーフディレクター）などの斯《し》波《ば》重治《しげはる》さんもそうです。皆さんに育ててもらった気がします。……それで言うと『魔神英雄伝ワタル』（'88　井《い》内《うち》秀治総監督）のときの藤野貞義さんとはぶつかったと思います。水本さんの頃はまだ逆らえなかったのかな。最初の頃は相当怖かったです。斯波さんにも怒られましたが、そのときもやっぱり逆らえなかったんだと思います。でも、藤野さんとお仕事するようになった頃から、少し図々しさが出てきました。もちろん、仲良しですが、どうやって役作りをしていくかでは言い争いになったことがあります。

――それはどこでぶつかったのですか？

藤野さんとしては「最初から〝田中真弓〟の色を出してやらないで」というのがあったと思います。『ワタル』のときに「役を生きよ」みたいなことをすごく言われたので。もちろん、『ガンダム THE

ORIGIN』のような作品をやるときには、自分もそう思ってはいます。でも、『ワタル』では逆でした。基本的に「〃田中真弓がやるワタル〃でしょ」という姿勢で、自分を置いていこう置いていこうという、いやらしさというか、我の強さがありました。そういう感じなので「真弓ちゃん、それは〃田中真弓〃でしょ」ということをよく言われて、それに対して私はどんどん引き寄せようとしたから、ぶつかることになりました。

脇役の自由さ

――この連載で千葉繁さんにお話をうかがったときにも「役を自分の側に引きつける」というお話がありました（本書第一部）。

千葉さんがすごいのは、絵が決まっているのに、それでも違う表現を持ってくることです。それは私にはできないですね。『ONE PIECE』（'99 宇田鋼之介シリーズディレクターほか）のバギーが最高なのは、例えば、絵が「発射！」という勢いで大口を開けているのに、千葉さんは「（弱々しく）はっしゃ……」なんてやったりする。でも、バギーの表現として、使う側に「アリ」だと思わせる勢いが千葉さんの芝居にはあって。私はそこまで行けていないなぁと感じています。

――なるほど。千葉さん自身は、主役よりも脇が好きと公言している方です。逆に言うと、田中さんは主役が多いので、そういう自由の幅は狭いのかなとも思いました。

確かに、そうかもしれないです。物語を背負っている人間は、ブレてはいけないということがすごくありますね。枝葉の人間は「暴れろ、暴れろ」という感じで演技ができるのですが。だから『ワタル』で言うと、人気投票をやると、一番人気はライバル的なポジションの虎王なんです。で、ワタルは10位

ぐらい。主人公以外に魅力的なキャラクターがいっぱい出てくるのに対して、物語を背負っている人間は意外と暴れられないというのが、そういうところにも出ていますね。

――そういう意味でも主役というのは大変ですね。

大変さは、確かに感じます。だから、今やっている砂かけばばあ（『ゲゲゲの鬼太郎（第6期）』,18 小川孝治シリーズディレクター）は楽です（笑）。何も背負っていないから。砂かけばばあはバックグラウンドがわりと不明なんです。スタッフの方に「砂かけばばあは若いときがあったの？ それとも生まれたときから砂かけばばあなの？」と質問しても、はっきりした説明はないので、生い立ちは自分で勝手に考えてやっています（笑）。

――どんな生い立ちを考えたのでしょうか？

砂かけばばあは、大昔にいい女だった時代があった気がしているんです。ブイブイ言わせていて、男性遍歴が相当ある。だから、砂かけばばあが武器として「チューするぞ」と言うのも、「痺れ砂じゃ！」と言うよりも「チューするぞ！」と言ったほうがずっと人が逃げていくからで、それはチューのテクニックがすごいからだ……なんて考えているわけです（笑）。そんなことを考えるのも、物語を背負っていないからです。アドリブも入れやすいですし。

――どんなアドリブを入れるんですか？

そうですね……。例えば、第17話「蟹坊主と古の謎」で、烏天狗の子供がまなちゃんを助けて、ふたりがちょっといい感じになるシーンがあるのですが、そこで「あ、ありがとう……。って、お呼びでない……？ わしじゃない？」なんて言ったりして（笑）。もちろん、カットできるように言っているのですが。

――それは確かに脇だからできることですね。

はい、暴れられて楽しいです。こういうことは、主役ではできないです。

——そういう意味で、好き放題やったと思うキャラクターはありますか？

それはもう忍豚ですね。台本に「アドリブよろしく」と書いてありましたから（笑）。口パクだけあって「お好きにひと言」なんて書いてあったこともありました。すごく楽しかったです。最後は浪曲師みたいな格好で出てくるけれど、台本には何も書いてないんです。それで「今日のひと言をどうぞ」と（笑）。なので「どんなに出番が少なかろうと、毎回出場貫くわ♪おそまつ♪」なんて言ったりして。

少年役の先輩たち

——楽しそうです（笑）。キャリアを振り返ってみて、転機というと、どこになりますか？

転機というなら『野ばらのジュリー』からもう転機だったのですが、私ってラッキーマンなんです。……あ、追手《ついて》内《ない》洋一（『とっても！ラッキーマン』’94 鍋島修監督）もやっていますけれど、そっちではなく（笑）。節目節目で、あとになっても語られるような作品と巡り合うことができているんです。ジブリ作品も声優をキャスティングしなくなる前に参加することができたし、『ドラゴンボール』（’86 岡崎稔、西尾大介シリーズディレクター／クリリン）も繰り返し制作されていて現在も現役の作品です。『忍たま乱太郎』（’93 芝山努総監督／きり丸）も、オーディションは、おっとりしたしんベヱで呼ばれていたから、しんベヱだけやって帰っていたらキャストには入っていなかったはずなんです。

——しんベヱで呼ばれていたんですか？　ちょっと意外です。

そうなんです。しんベヱのときは「（丸っこい調子で）ぼくしんべぇ」みたいに、滑舌を甘くしてやってみたのですが……そういうちょっと温かい感じは苦手なんです。食いしん坊とかほわーんとしているキ

ャラよりは、わりと賢い少年（笑）のほうが得意なんです。威勢のいい、滑舌がいい感じのキャラ。だから「一年は組の、ぼくしんべェ」とかやりながら「これは違うなぁ」と思っていたら、目の前に主役の乱太郎のオーディション原稿を発見して（笑）。で、間髪容れずに「乱太郎をやります」と言って、乱太郎をやりました。でも、乱太郎も違うと思って、またそこに台本があったきり丸もやったんです。とにかく途中で口を挟ませない勢いで、録音させちゃったんです（笑）。

――残りふたりの原稿は、初見だったんですよね？

そうです。3人とも絵は見ていて、多分私はしんべヱよりきり丸のほうが向いているのではないかと思っていたんです。とはいえ、しんべヱで呼ばれているので、やらないわけにはいかず……。だから、それは図々しくなっているおばちゃんだからこそできたことだし、それがあってこそきり丸をやらせてもらえることになったわけで。若いときにはそれができませんでしたね。

――オーディションに落ちて悔しかったキャラクターはいますか？

落ちることはいろいろあるのですが……。ファンシーなキャラクターのオーディションをときどき受けることがあるのですが、これが通らないんです（笑）。息子に言わせると「お母さんの声は夢のない声だからだ」と。ひどいことを言われていますが、自分でも「現実感のある声」なんだと思っています。やっぱり、自分でも現実感のあることをやりたいと思っているからじゃないですかね。

――アニメのキャラクターを演じるときに、その現実感はかえって武器なのではないでしょうか？

そこは結局アニメかどうか、じゃないんですよ。台本に書かれた言葉を〝その人物〟が発している言葉として、お客様に受け取ってもらえるかどうかが大事で。舞台もアニメもそれは同じなのですが、アニメの場合はブレスのタイミングやしゃべる速度が、どうしても各話の演出さんによって違ってくるん

です。それが早いときはいいのですが、間をとるタイプの演出さんだと、原作通りの台詞でいきたいのに尺が余ってしまうこともあって。台詞を足したくないから、どうしても台詞回しを変えることもあるので、それが悔しかったりします。あと、作品によって求められる方向性もあります。例えば『ドラゴンボール』は歌舞伎で言うところの〝型〟を求められているアニメだと思います。悟空の型、フリーザの型、クリリンの型など、決まった型がありますよね。『ONE PIECE』もバトルになると〝型〟なのですが『ドラゴンボール』よりもストーリー性が強いので、そこはまた違った感じが求められていて。

――『ドラゴンボール』というと、野沢雅子さん（『銀河鉄道９９９』星野鉄郎など）とはこの作品が初めてになるのでしょうか？

本格的にご一緒するのは『ドラゴンボール』が初めてなはずです。『いなかっぺ大将』（'70　笹川ひろし監督）が大好きで、子供の頃から聞いているわけですよ。だから、知らず知らずのうちに影響を受けていた存在ですね。同じような存在として『タイムボカン』シリーズの八奈見《やなみ》乗児《じょうじ》さん（『ヤッターマン』ボヤッキーなど）がいらっしゃって、八奈見さんのお芝居も当たり前のように自分の中に入ってきています。

――少年役には、さまざまな先輩がいますね。どなたかの演技を参考にしたことはありますか？

自然に入ってきたマコさん（野沢雅子さん）とはまた別で、意識的に勉強させていただいたのは『ベルフィーとリルビット』のときの千々《ちぢ》松幸子《まつさちこ》さん（『ど根性ガエル』ピョン吉など）のお芝居でした。あれはすごかったなぁ……。千々松さんはわりと脇の少年をやられることが多くて、『ベルフィーとリルビット』では、いわゆる三枚目の少年（ナポレオン）を演じていらっしゃいました。その少年が崖を転がっていくシーンがあったのですが、声を聞いているだけで「あ、今、岩にあたった」というような想像力をかきたてられるお芝居をされていて。ちょっとＳＥ（効果音）っぽい音までその台詞に含まれていました。

「なるほど、そういう風に演じるんだ」と勉強になりましたね。あと、青二プロダクションに移ってからご一緒した先輩の松島みのりさん（『キャンディ♥キャンディ』キャンディなど）や山本圭子さん（『元祖天才バカボン』バカボンなど）もすごいと思って、いろいろ盗もうと勉強しました。

キャラクターと舞台俳優・田中真弓の関係

――『ONE PIECE』はオーディションがあったのでしょうか？

何回もありました。多分、私が受ける前からオーディションは始まっていたと思います。実は私は当初、オーディションに呼ぶメンバーにも入っていなかったんです。

――そうなんですか⁉

ただ、そのオーディションは、私が青二に移籍したタイミングでやっていて。東映アニメーションと青二は縁が深いので、入ったのなら一応呼べということになったそうです。でも、呼ばれないのもわかります。少年役を長くやってきて聞き飽きられていますし、座組も東映アニメーション・フジテレビ・集英社ですから『ドラゴンボール』と同じ。クリリンをあれだけ長くやったあとですから、そういうイメージがついている人間はイヤだろうなと。

――ルフィは演じやすいですか？

喜怒哀楽がはっきりしていて、演じやすいキャラクターです。ただ、演じていてひとつわからないのは祖父や父親は出てくるのですが、母親が出てこないことなんです。尾田（栄一郎）先生は、「少年は母親のもとを旅立って冒険に出る。だから母親は出てこない」という考えで描かれているそうですが、私としてはそこは気になるんです。「はぁ、そうですか……」と、母親としてはいろいろ思うところはあ

ります（笑）。

――シリーズが長く続くことの難しさ、楽しさがいろいろとあると思うのですがいかがですか？

難しさはあまり感じたことがないです。長く続けていると、演じる側が慣れてくるだけでなく、描くほうもだんだんと私たちの声を思い出しながら描くようになるので、歩み寄っていく感じになっていくんですよね。そうすると全体としても楽になっていくし、キャストもことさらに〝演じる〟というわけでなく、そのままで役になっていくというか。山口勝平《かっぺい》ちゃん（『名探偵コナン』工藤新一ほか）はウソップだし、岡村明美ちゃん（『紅の豚』フィオほか）はナミだし。ギャップが一番あるとしたらロビンですね。山口由里子さん（『新世紀エヴァンゲリオン』赤木リツコほか）はすごく愉快な人なので（笑）。キャスト同士、仲が良くてしょっちゅう遊びますし、尾田先生のお宅に行くことも普通にあります。私は最初から子連れでしたけれど、徐々にみんなにも子供ができたりして、家族が増えていく感じがすごく楽しいです。

――今年（２０１８年）の7月2日には「ONE PIECEの日」を記念して、ルフィとウソップがバーチャルYouTuber（VTuber）に挑戦するという趣向がありました。田中さんが山口勝平さんと一緒にモーションキャプチャーでそれぞれのキャラクターを動かしています。

あれは……尾田先生の希望なんですよ。ルフィとウソップを私と勝平ちゃんでやってほしいと。でも、私としては「それはファンが喜ぶものなのかな？」という気持ちもあって。ルフィなんだから、ちゃんと動ける人がやって、そこに私が声をあてればいいんじゃないか、とも思いました。私が実際に出てやるとしたら、ルフィなのに「あ〜、冒険したくねぇ〜」と言っているのが面白い、という方向になりますよ、と。つまり、ルフィじゃなくて〝田中真弓〟になってしまうわけですけど、そんな風にキャラクター崩壊してもいいならやります、と言いました。

実際、本番でギア2《セカンド》のポーズをとろうとしたのですが、これがきつくて、そう思った瞬間に勝平ちゃんがグイッと肩を押したからよたついたんです（笑）。もちろん、ルフィもすっ転んで（笑）。そんな映像になりましたが「そういうのがアリなら前に出ますよ」と。それは『はに丸ジャーナル』（『おーい！はに丸』［'83］に登場する埴輪のはに丸が、話題の人物に取材に行くバラエティ番組）も同じですね。あれも実際に取材に同行してその場でしゃべっているので、台本では会話は決まっていないんです。そうするとそこに出てくるのは〝田中真弓〟なんです。

――そこはもう内面は〝田中真弓〟にならざるを得ないわけですね。

はい。だから「はに丸くん、好きな食べものは何？」と聞かれたときに、「うーんとね、砂肝！」と言ってしまうわけで（笑）。

――お話を聞いていると、絵で描かれたキャラクターと、肉体を持った〝田中真弓〟の距離が、大きなテーマなのかな思いました。

先日も『サクラ大戦』のステージ（『ダンディー商会プロデュース！　サクラ大戦歌謡ショウより～「続々・花咲く男たち」』）で桐島カンナをやってきたのですが、カンナって19歳で空手の使い手で身長2メートルなんですよ（笑）。それを私が前に出て演じるとなると、63歳で身長150センチメートルにも満たないおばさんがやるところを面白がっていただかなければ、やる意味がないじゃないですか。だから、一生懸命そういう風にしてもらうのですが、原作・総合プロデューサーの広井（王子）さんはときどき「でも、カンナでなければ……」ということをおっしゃるんです。なので、別の役で書いてくれないかと広井さんにはお願いしているんです。カンナによく似た田中アンナというおばちゃんがいて（笑）、浅草界隈でアメを配っているという風に書いてくれたほうがよっぽど楽です。やっぱり、自分が出ているならば、そ

ここには自分が出る意味がないと難しいです。でも、ルフィもカンナも19歳ですからね。だからキャラクターをそのまま出したいなら、私は出ないほうがいいなと。生身でルフィを演じている人はたくさんいるんだから、私はそこに声を当てたほうが、望まれているルフィになると思います。

——野沢さんは現在も現役でやっていますが、野沢さんくらいの年齢まで現役でいたいという気持ちはありますか？

よく現場でマコさんに「真弓、腰大丈夫？」といたわられたりするくらいなので恥ずかしいです。私はすぐに腰をやっちゃうものですから……。マコさんがお元気なので、頑張らなければと思います。ただ、戦う少年はいつまで続けられるのか、という気持ちはあります。だんだん目が画面に追いついていかなくなっている自覚はありますから。ただ、年齢なりのことができる舞台はなるべく続けていきたいとは思っています。

——原点である舞台を大切にしたいわけですね。これは素朴な質問ですが、すると舞台俳優・田中真弓にとって、アニメというのはどういうものだったのでしょうか？

アニメは私にとって、とてもありがたいものです。アニメで見出されなかったら、鼻っ柱が強いままの人になっていたと思います。『ONE PIECE』をはじめとするアニメがあったから、今のような私になったというのは事実です。でも……、じゃあ、アニメで見出されなかったら芝居をやめていたかと言うと……アルバイトをしながらでもやっていたと思います。だからアニメには感謝しつつも、裏腹な気持ちもあります。小劇場で舞台をやるときも、「モンキー・D・ルフィの、あの田中真弓がやってきた」ということで足を運んでくださる方が少なからずいます。そういうことに感謝をしつつ、死ぬまでには……「田中真弓」という看板だけで出られるようになりたいんです。

三ツ矢雄二

ひと癖ある役を生かすも殺すも自分次第

みつや・ゆうじ

ミツヤプロジェクト所属。中学と同時に国際児童劇団に入り、子供向けドラマでデビューを果たし、ドラマ『**海から来た平太**』で主役デビュー。アニメは『**超電磁ロボ　コン・バトラーV**』の葵豹馬《あおいひょうま》役で主役デビュー。主な出演作に『**超人戦隊バラタック**』（加藤ユージ）、『**ゼンダマン**』（ゼンダマン1号）、『**六神合体ゴッドマーズ**』（マーグ）、『**聖闘士《セイント》星矢《せいや》**』（乙女座のシャカ）、『**タッチ**』（上杉達也）、『**キテレツ大百科**』（トンガリ）などがある。2003年からミュージカル『**テニスの王子様**』の脚本・作詞を手がける。

『Febri』Vol.52（2018年12月）掲載

動きながら演じていた新人時代

――田中真弓さん（本書第III部）にお話をうかがったのですが、田中さんのデビュー作『激走！ ルーベンカイザー』（'77 布川ゆうじチーフディレクター）で、主役だった三ツ矢さんにたくさんフォローしてもらったと言っていました。

あのときは、僕以外にケアする人がいなかったというか……。彼女はド新人だったので、周りの人たちもどう扱っていいのかわからない雰囲気だったんです。そんな中、年が近かったこともあって僕がいちから教えてあげることになりました。相手役だったので、彼女が残されれば一緒に残ったりもして。

――とはいえ、三ツ矢さんもアニメのお仕事は前年の『超電磁ロボ コン・バトラーV』（'76 長浜忠夫監督）の葵豹馬《あおいひょうま》役が初めてですよね。その時点では声の仕事を本格的にやっていくつもりだったのでしょうか？

全然そうは思っていなかったです。それまでは蜷川幸雄《にながわゆきお》さんの舞台などに出ていたので舞台にも未練があったし、テレビや映画などのマスコミの仕事全般にも興味はありました。だから「これ1本で終わってもいい」くらいのつもりで。しかも、キャストの中でひとりだけ新人で、その下手さ加減が恥ずかしくて。もう声優の仕事は来ないだろうと思っていたのですが、それでもポツポツと仕事が入るようになりました。その後、3～4年して青二《あおに》プロダクションに入る頃には声優に特化していこうと考えるようになっていましたね。

――アニメに声をあてる、というお仕事をやってみていかがでしたか？

僕は声優学校を出ていたわけではなかったので、どう演じていいのかわからなくて、野沢雅子さん

（『ドラゴンボール』孫悟空など）に、いちから教えていただいたんです。野沢雅子さんもレギュラー（ロペット役）だったので、台本の持ち方や立ち方、どうすれば口パクに合わせてしゃべることができるのか、という基本的なところから教えてくださいました。そこで教わったことが翌年の田中真弓に教えてあげることにもつながるんです。今ならわかるのですが、新人がひとりで迷ってウロウロしていると周囲の雰囲気が重い感じになっちゃうんです。特に、主役なのにできていないとそうなりがちで。でも『コン・バトラーＶ』のときは野沢雅子さんが明るいテンションで教えてくださったので、３〜４カ月ぐらいで慣れることができました。もっとも、慣れるまではテイク30とか40とか出していたりもしたのですが。

――長浜忠夫監督は、ドラマチックに演じることを求める監督だと聞いたことがあります。

ご自身のイメージがとても強い人でした。だから自分のイメージに合うまではＯＫが出ないんです。音響監督の小松（亘弘《のぶひろ》）さんもいらっしゃったのですが、ふたりの間に温度差があったり、微妙に求めているものが違ったりすることもあって。そうすると演じるこちら側も迷って、どう演じたらいいのかわからなくなってしまうこともありました。それで１００回くらいテイクを重ねたりして。でも、長浜さんは絶対あきらめないんです。当時は僕も若かったので、体力的にも精神的にも何とかもったという感じでした。

――自分の身体を動かさないで、声だけで演じるということに違和感はありませんでしたか？

実写のときもアフレコをすることはあります。でも、そのときは自分の演技に声をあてているので、撮影のときの状況や身体の動きはだいたい覚えているんです。だから、そんなに迷うことはないのですが、アニメや洋画の場合は、自分が身体を動かしているわけではないので、どういう声の出し方をすればいいのかと悩んで研究していました。

——何か解決法はあったのでしょうか？

「画面の中にいる人物が自分だと思ってやろう」と考えて、まず自分も同じように動きながらやってみました。そうしたら、「ノイズが入る！」と音響監督に言われたりもしましたが(笑)。でも、1回身体を動かしてやってみたことで、だいぶわかるようになったんです。

——身体を動かしてみるのは大切なんですね。

そうですね。飛び上がるときも、声だけで「ハッ！」と言うのと、本当に飛び上がるのとでは身体の使い方が違うから、声も変わってくるんです。それを自覚した上で、身体を使ったときの声により近づけていくんです。例えば、本当に飛び上がらないまでも、膝を曲げておいて台詞に合わせて勢いよく伸ばしたりするとか。どこかを攻撃されてうめくときも、その箇所に神経を集中してうめくようにしました。必ず身体のどこかに力が入っていたり、痛みを感じている部分があるということを意識するんです。そうやっていくうちに、どこの筋肉をどう使ってしゃべっているのかが体得できてきて、あまり大きく身体を動かさなくても画面の中に入っていけるようになりました。

——実際に演技をしていた経験があったからこそですね。

自分にとっては、身体を動かさないで芝居をするということが不自然で非常にやりにくいことだったんです。でも、最初の頃は口パクに台詞を合わせるだけで精一杯で、なかなか身体を使うところまでは考えが回らなくて。その時期が一番ダメでした。それを克服してからはスムーズに画面に溶け込んでしゃべれるようになったんじゃないかと思います。そうなると、声優という仕事を極めたいという気持ちも出てきました。

〝間〟を大切にしていた『タッチ』

――先ほどの田中さんのエピソードとも重なりますが、『タッチ』（'85 杉井ギサブロー総監督）のときも当時は経験の浅かった、浅倉南役の日髙のり子さん（『らんま½』天道あかねなど）をリードすることになります。

日髙は『タッチ』の前に声優デビューしていたので、声優の仕事がどういうものなのか、口パクの合わせ方や台本の持ち方はもうわかっていたんです。でも、南という女の子がどういう役なのか、なかなかつかめなくて、台詞の内容を演技で伝えることには不慣れでした。あと、声優ならではの息遣いもどうすればいいのかわからない様子でした。しかも、『タッチ』は他のアニメと違ってすごく映画的というか、実写ドラマのようなアニメだったので、〝アニメーションっぽくならないように演じる〟という部分もとても大切で。だから、その部分を教えることは多少ありましたね。そういうやり取りは特に前半では多かったですが、苦痛ではなかったです。僕もいっぱいいっぱいではありましたが、彼女がちゃんとできるようになってくれれば、自分も演技がしやすくなるわけですし。

それに僕は音響監督ではないので、細かく注文を言うわけではなく「もっと（僕を）愛して！」とか「そこは泣きたい気持ちだけど、もっと我慢したほうがいい。そういう状況を、どうやったら表現できるのか考えてみて」とか、そういう形で話をしていきました。そうしたら、だんだん息も合うようになって、後半はそこまで何かを教えるというようなことはありませんでした。

――お話を聞いていると、三ツ矢さんは先生体質なのかな、とも思うのですが。

先生体質というか、お節介ですね（笑）。できなくて困っている人がいたら、ちょっと助けてあげる、

ヒントを教えてあげるみたいな感じで、高踏的に上からああだこうだ言うタイプではないです。放っておけないんですね。

――『タッチ』は大ヒット作品になりました。

放送前に記者発表もやるということで、フジテレビがかなり力を入れている作品だとは感じていて、緊張もしました。緊張といっても、オーディションで決まった役なので、演技はオーディションの通りでいいんです。心配はそこじゃないんです。視聴率が取れなかったら一大事だということのプレッシャーのほうが大きかったです。最初の1クールぐらいは調整室にプロデューサーや代理店のひとがぎっしりいて、これは「フジテレビの社運がかかっている作品なんだ」とひしひしと感じました。オンエア前に2～3話分収録したと思うのですが、アフレコを終えて帰宅すると、いろいろなプロデューサーから電話がかかってきて「もう少しこうしたほうがいいんじゃないか」とか意見を言われました。でも、オンエアが始まって視聴率がよかったら、そういう電話はピタッと止まりましたね（笑）。最初はビビりましたけれど、かかわることができてよかったです。

――先ほど、『タッチ』は実写ドラマっぽいというお話もありましたが、抑えた表現が多い作品の中でも、上杉達也という役は特に感情をストレートに出さないキャラクターでした。

面白かったです。間が長く、しゃべりのテンポはゆっくりで、早口でせっかちな僕とは正反対だったので。それでも最初はしゃべっていても、どうしても口パクが余っちゃうので「何か言葉を足していいか」と演出家に聞くこともありました。でも「ダメだ」と。とは言われても、ゆっくりしゃべると棒読みっぽくなっちゃうんですよね。だから、ゆっくりとしゃべりながら棒読みにならないようにすることが、僕にとって上杉達也という役をやったときの最初の課題でした。あと達也の特徴として、心と裏腹

のことをしゃべることも多いんです、それをちゃんと視聴者に伝えるにはどうすればいいかを考える必要もありました。

――それはどうしたのでしょうか？

それはやっぱり〝間〟なんです。ひとつの間があることで見ている人に「次の言葉をしゃべろうとしているから、今は違うことを考えているんだ」と伝わるということに気がつきました。だから非常に間を大切にしました。台詞をしゃべる側からしたら、本当はまず言葉を大切にしないといけないんですけど（笑）、どちらかと言うと間を大切にするアニメーションだと思ってやっていました。

――『タッチ』に限りませんが、口パクのタイミングは基本的に演出家が決めています。人が決めたタイミングで演技をするというのはやはり難しいものなのでしょうか？

テレビアニメで言うなら第1話から第3話ぐらいまでは、なかなか合わせづらいです。映像を作っているスタッフも、まだそのキャラクターらしいしゃべり方をつかんでいなかったりするので。こちら側もどういうテンポでくるかまだ把握していないし、ときには台詞をカットしたり足したりして絵に合わせていきます。それを重ねていくと何回目かで、こちら側のテンポ感もスタッフに伝わって、ピタっと合うようになってくるんです。

――そうすると、監督や音響監督から出る最初の数話のディレクションはすごく重要ですね。

そうです。役作りをしていって初回に臨み、そこで演出家がダメ出しをすることによって再度役を固めていきます。第3話ぐらいまではこちらも手探りなので、そこに明確なサジェスチョンがあると役が固まりやすいです。役が固まってくると自然と絵や口パクも合ってくるというのは、どの作品でも同じですね。

お葬式に出席した『六神合体ゴッドマーズ』

――達也と並んで『六神合体ゴッドマーズ』（'81 今沢哲男監督）のマーグも大きな役柄だったと思うのですが。

『ゴッドマーズ』のオーディションを受ける前に知り合いの関係者から「兄（マーグ）は途中で死ぬから主役の弟（マーズ）のほうで受かれ」と言われたんです。でも、見事に落ちてお兄さんのほうになっちゃいました（笑）。だから、言ってしまえば脇役なので、番組が始まるときは、いろいろなやり方ができてかえって面白いかもしれないと思って臨みました。実際、マーグは二重にも三重にも裏のある役で、嘘をついて装っている部分や洗脳されてしまう部分など、感情や意志とは違うところで動いているキャラクターだったんです。だから、自分の中の意識が流れるままにしゃべれないところがあって、非常にやりがいはあったけれど、難しい役ではありました。

――マーグは悲劇的な運命を歩むキャラクターという要素もあり、女性ファンに愛されました。

マーグが死んでお葬式をやるということを聞いたときには驚きました。お葬式ということは、僕は死んでいるわけなので「行かなくていいの？」と聞いたら、「いや、会場に来て何かを読んでくれ」と言われたのですが、死んだ本人の声で何かをするというのはどういうことだろうって（笑）。でも、喪服で会場に行ったら、メインキャラクターのクラッシャー隊員のキャストはみんな隊の制服のコスプレで参列していて、会場には本当に泣いているファンの人がいて。そこまで思い入れが強い人がいるということを、そこで知りました。もったいないという気持ちもあったのですが、死んでしまったからこれだけ人気が出たということもあり、自分の中でマーグという役は完結していたんです。だから、自分はこれ

で退場するけれど作品的にはもっと伸びていってほしいという気持ちでした。

――マーズ役は水島裕《ゆう》さん（『魔法の天使クリィミーマミ』大伴俊夫など）でしたが、2017年には水島さんと井上和彦さん（本書第一部）の3人で、期間限定のユニット「FULL Kabs」を結成しています。

水島裕くんとは、若手の頃から週に何回かはいろいろな現場で会う間柄で、それは井上和彦くんも同じなんです。そういう名残を今でも引きずっているんですよね。幸い、お互いまだこの世界で仕事もできていて。それでユニットもやってみたんです。

――井上さんとは『コン・バトラーV』と同年の『キャンディ♥キャンディ』（'76 今沢哲男、設楽《したら》博監督）で共演しています。

『キャンディ♥キャンディ』で演じた、おしゃれな少年のアーチボルトは、オーディションなしの役でした。「『コン・バトラーV』をやっているけれど、もう1本やっちゃってもいいですか？」みたいな感じで入ったのですが、もう甘えられない状況だし、脇役だったので、周囲の人の様子を冷静に分析することができた作品でもありました。主人公のキャンディを演じていた松島みのりさん（『キン肉マン』ミートなど）を上手だなぁと思って見ていましたね。あと、（井上）和彦がすごく大変そうだったのも間近で見て感じていました。それでも彼はいろいろなアプローチをして、どんどんうまくなっていったんです。「習うより慣れろ」という感じだったので、それがうまくなる近道だなと思いました。

そういう意味では、僕たちが若い頃は新人の数が少なかったので、本数をやらせていただけたんですよね。だから、習っている暇もなく慣れていくしかない部分もあって、現場で勉強させてもらったなと思います。アニメもそうでしたし、洋画の吹き替えになるとさらにそうで、現場で先輩の背中を見なが

ら、アニメと洋画の違いを考えつつ覚えていきました。

ひと癖ある役を生かすも殺すも自分次第

――吹き替えといえば三ツ矢さんの代表作のひとつが『アマデウス』（'84 ミロス・フォアマン監督）のモーツァルトです。

あれは笑い声だけでオーディションをしました。

――笑い声だけですか？　確かにあの笑い声は特徴的ですが。

モーツァルトを演じたトム・ハルスと笑い声だけは同じにしたいというアメリカ側の意向があったんです。それで家で笑う練習をしていたのですが、けたたましい笑い方ですからね。近所の人におかしくなったと思われていたんじゃないかと（笑）。それからパイロット版を見て少しだけ録って、それでようやくOKが出ました。あれは僕にとっては大きな挑戦だったし、ものすごく大変でした。普通の洋画は1日で録るのですが、『アマデウス』は2日かけて録ったんです。臨場感が出るように、死ぬシーンでは本当にソファーに横になって録りました。それぐらい真摯に作りました。

――当時『アマデウス』がテレビ放送されるとき、モーツァルトを三ツ矢さんが演じると聞いてすごく納得した記憶があります。

変な役を指名されることが多いですからね（笑）。

――そういう〝変な役〟の中で印象的だった役はありますか？

『リロ・アンド・スティッチ』（'02 クリス・サンダース、ディーン・デュボア監督）のプリークリーですね。スティッチを作った科学者ジャンバ博士の監視役として登場したひとつ目の宇宙人なのですが、あれは演

じていて自分でもおかしかったです（笑）。ちょっとマザコンで、すぐに女装しちゃうんです。

——最近だと『空中ブランコ』（'09中村健治シリーズディレクター）の伊良部《いらぶ》一郎や『伊藤潤二「コレクション」』（'18田頭《たがしら》しのぶ監督）の小学生、双一《そういち》は、三ツ矢さんしかできない役だと思いました。

いや、そんなことはないと思いますよ。でも、キャスティングされた以上はベストなものになるようにと思ってやっています。伊良部はアドリブを自由にやってくださいと言われたので、ものすごいアドリブを入れたのですが全部ＯＫで、最後のほうは台本に「アドリブで」と書かれるようになっていました（笑）。双一は原作の雰囲気があったので、その雰囲気に合うトーンを自分で見つけて、それが出るようにと思って演じました。おかしな人だけど特殊な人に見えてしまうと物語が嘘っぽくなってしまうので、視聴者にとって気持ち悪いと思わせるリアリティは守らないといけないと思って演じました。

——双一の出てくるエピソードは、おどろおどろしいけれど、どこか笑える面白さがあるという独特のバランスです。

全部が全部気持ち悪いわけではないんですよ。双一にもちゃんと家庭生活があって、お父さんお母さんお兄さんがいて、ちゃんと家族の会話もあって。そんな普通の家に変な人がひとりいるという、そこにリアリティがないといけないんです。そのリアリティ感を出しつつ、どこかコミカルな部分も兼ね備えているというところが難しかったです。最近では一番難しかったかもしれません。

——どのあたりからそういう少し変わった役柄が増えていったのでしょうか？

自分の中で転機だったかなと思うのは『さすがの猿飛』（'82佐々木皓一チーフディレクター）の猿飛肉丸ですね。それまでは美少年キャラが多かったのですが『さすがの猿飛』のときにいろいろな声を使って役を作ったんです。肉丸くんは、ポワンとしているときと、機敏なときでは顔つきから変わっているし、

ならば声も変わっちゃってもいいなと思って。キャラクターを演じるときに一色ではなく多色でもいいんだと思って、いろいろなことを試し始めたのはあの頃です。そこからいろいろな役にアプローチしていくときに、声の使い分けをしていけるようになった気がします。

——脇役ならではの面白さが作品とうまくはまったのは『キテレツ大百科』（’88 葛岡博監督ほか）のトンガリですよね。

トンガリが決まったときは、トンガリは小学生だし、高い声を使うにしても限度があるので、どうしようかと思いました。もう亡くなられてしまいましたけれど、尊敬する大先輩の肝付兼太《きもつきかねた》さんが『ドラえもん』でスネ夫を演じられていて……。トンガリはスネ夫と似たようなポジションなんですよね。だから肝付さんみたいな声が出せればいいのにとも思ったりしました。それで野沢雅子さんに相談したんです。

——どんなアドバイスがありましたか？

「小学校とかに行って、変なおじさんだと思われないように、さりげなく子供たちを観察しなさい」と。「トンガリくんに似ているタイプの男の子がどのようにしゃべっているのか、どういう風に身体を使っているのかを見学するといい」と言われて。それで近所の学校を通りすがりに見たりとか公園で遊んでいる子供たちを見たりした上で現場に臨みました。家で練習はせずに、現場で初めて演じてみたんです。

——反響はどうでしたか？

無理をしているように聞こえたみたいで、音響監督の小松（亘弘）さんに「三ツ矢くん、無理しなくていいよ」と言われました。でも、無理しているわけではないんですよ。だから、そのままやっていいかと尋ねたら「面白いとは思うけど、喉は大丈夫？」と。心配しながらも、そのまま許してくれた小松

さんに感謝ですね。そうやってトンガリを演じたおかげで声のレンジ（幅）が広くなったんです。確かに、普段使わないところで演じているので、最初の頃はたくさんしゃべるとキツくなるときもあったのですが、最後のほうはまったく無理なくできるようになっていました。

――演じているうちに鍛えられたんですね。

そうですね。声帯が慣れちゃったんです。あと、後半になると、しのぎ方を覚えて多少苦しくなってもそうは聞こえない演じ方もできるようになっていました。

――個性的な脇役はやはり演じていて楽しいですか？

逆に普通の役のほうがつまらなく感じますね。普通の二枚目や普通の主役にはもうあまり興味がなくなってしまいました。やっぱり、ちょっとひと癖ある役や脇役のほうがいいです。作り甲斐があるというか、自分のやり方次第で役を生かすも殺すもできるので、その役を生かすためにはどうすればいいのかを考えることがとても楽しくて。だから変な役をいっぱいやらせてもらえるようになって、今はうれしいし、そこが声の仕事の醍醐味だと思っています。もう二枚目とか少年役の依頼はこなくて……。『ONE PIECE』（'99 宇田鋼之介シリーズディレクターほか）なんてピーカというソプラノの声を持つ岩男ですよ（笑）。

――これまた超個性的なキャラクターですね。

「トンガリよりも高い声で」とオーダーされたんです（笑）。あまり高い声を出すと演技できる幅がなくなってしまうのですが、できるかと思ってやったらできました（笑）。

過剰の20パーセントが次の仕事につながる

――こうした長いキャリアを振り返って「恩師」を挙げるならどなたになりますか？

そうですね……。テレビ業界に興味を持って入った国際児童劇団で教えてくださった先生が恩師と言えば恩師ですけれど、レッスンに通い始めたらすぐにレギュラーが決まってしまったので、それほど教わったという感じもないんです。むしろ、CBCにいた山東さんというプロデューサーにはいろいろ教えてもらいました。あと、人形劇『プルルくん』（'73）でご一緒して、アニメの仕事を始めるきっかけを作ってくれた永井一郎さん（『サザエさん』磯野波平など）は恩師というより恩人ですね。……そうやっていくと声優としての仕事を教えてくれたのはやっぱり野沢雅子さんになりますね。野沢さんとは、キャリアが浅い頃にレギュラーが一緒になることが多かったんです。だから、「わからないことは野沢さんに聞ける」という安心感や「甘えられるかな」という気持ちがあって、よくいろいろな話を聞いてもらいました。野沢さんみたいにお年を召しても、あれだけの仕事をこなされているのは僕にとっては驚異だし、あの人は本当に天才だと思います。

――青二《あおに》プロダクションに所属していた声優さんにうかがったことがあります。野沢さんの肩を揉んだら、すごく筋肉質だったたと。

先ほどの話の通り、野沢さんは身体全体で演技しているんです。だから、自然と筋肉がついちゃうんですよね。別に鍛えているわけではないと思うんです。でも、しゃべるたびに身体中を使っているので鍛えられているし、それが必要なだけのお仕事を今もされているということなんですよ。

――やはり身体の使い方が大事なんですね。話は変わりますが、三ツ矢さんは90年代半ばから音響

演出のお仕事もしていて、『雲のむこう、約束の場所』（'04）などの新海《しんかい》誠監督作品にも参加しています。どういう経緯で音響監督をやるようになったのでしょうか？

『るろうに剣心－明治剣客浪漫譚－』（'96 古橋一浩監督）が始まるにあたってプロデューサーに相談を受けたんです。「剣心の役を通常の声優さんではない人でやりたい」と。僕は当時宝塚をよく見ていたので「宝塚の男役はどうだろう」という話をしました。中でも涼風真世《すずかぜまよ》さんがぴったりだと思うって。その頃ちょうど涼風さんは宝塚を退団したばかりだったのですが「多分決まらないだろう」と思っていたら「決まりました」と（笑）。それで宝塚も、時代劇も、演劇も、アニメも知っているというのは僕しかいないと言われて、涼風さんが『るろうに剣心』に慣れるまでの3カ月だけ引き受けることにしたんです。若造が音響監督だなんて恥ずかしいから、タイトルにクレジットを入れないでほしいとお願いをして。

――それで当初は「アフレコ演出」のクレジットが入っていないんですね。

そうなんです。それで3カ月経って、僕は辞めますと涼風さんに言ったところ「三ツ矢さんがいないとできない」と言ってくださって。それで、以降も続けてやることになりました。だから、そこから名前も出してもらうことにして、テレビから始まってOVA、映画までずっとやらせていただきました。

――涼風さんはアフレコにはすぐに慣れましたか？

最初の1カ月ちょっとでもうほぼ大丈夫でした。それでも「この台詞はどう言ったらいいのか」と聞かれることはありましたが、それは実際に自分が演じて教えていきました。そう言えば「この『おろ？』って何ですか？」なんて聞かれたこともありました（笑）。

――新海監督作品などでも、いわゆる一般の俳優さんに演出をしていると思うのですが、指示の仕方は変わるものなのでしょうか？

うーん、僕のやり方はちょっと独特なのかもしれません。声優さんの演出をする音響監督さんはたくさんいるので、そっちは僕なんかがやるのはおこがましいと思っていて。基本は、声優以外の俳優さんなどが出る作品なら引き受けるということでやっています。新海監督のときも最初はそういうことでしたし、他にも映画『ピアノの森』（'07 小島正幸監督）で上戸《うえと》彩ちゃんがアフレコをするということで参加しています。先ほど話したように、僕は相手が演技に詰まったら「こういう風に演じてみて」と自分で演じて見せるんです。俳優さんは慣れないアフレコで精一杯なので、客観的に言葉で狙いを伝えても理解しづらいんですよね。僕たち声優でも、抽象的な指示に迷ってしまうことはありますから。だから、迷わせてしまうよりは、ということで僕は口伝えでやってしまうんです。それを自分なりに消化して演じてくれればいいな、と。

――演出する側に立って見えてきたものはありますか？

良い悪いとかではありませんが、「役者」だと思う人と「声優」だと思う人の区別は見ていてわかりますね。最近の若手の人たちは、俳優になりたいのではなく声優になりたくてなっている子が多い印象です。その中にたまに、この子は俳優として芝居をやりたがっているなという感じの子がいたりします。どちらがいいかは一概に言えなくて、あくまで違いということですけれど。

――見るとわかるのですね。

あと、最近よく感じるのは、深夜アニメの出演者の声が似ているということです。特に女性は同じ発声法で、すごく似ています。演技の仕方も似ていますね。きっと専門学校で習ってきたことを器用にこなしているんでしょうけれど、自分の個性をうまく見出せないまま、平均値のところで割り切ってしまっている感じです。人を育てるには、下手くそでもいいものを持っている人間をプロデューサーなりデ

ィレクターなりがまずちゃんと見つけて、毎回いろいろな作品で小さい役でもいいからキャスティングして面倒を見てあげることが大事なんです。そうやって育てていくと、育てる人によって好みが違うから、いろいろなタイプの役者ができあがることになるんです。口パクにあてるのがうまいからとか、ちょっと人気が出てきたから、とかいう理由でキャスティングをしていると、個性的な役者は育ちません。例えば『ドラえもん』（'79　もとひら了監督ほか）を思い出せば、ジャイアンやスネ夫なんて、みんなすごく個性的なしゃべり方ができていたでしょう？　平均値でいいと思っていたらああいう個性はできあがりません。僕がよく言うのは「お芝居においては100点か0点がよくて、70点均一はダメだ」ということです。70点で可もなく不可もなくやり過ごしていけば飽きられてしまうし、そうじゃない人に追い抜かれていくという運命をたどります。むしろ0点のほうが、その正反対をやれば100点になるのでいいんです。専門学校で習うことも大切だけれど、それ以外にも大切なことはたくさんあるということを知ってほしいですね。

――素朴な質問ですが「声優ではない人生」というものを考えたことはありますか？

僕はもう64歳ですが、今まではそんなことを思うことはなかったです。でも、最近になってあのまま蜷川さんのところにいて舞台を続けていたらどんな人生になっていただろうと感じることはあります。後悔とかではなく、単純に「どうなっていただろうなぁ」ということですが。それはつまり、声優の仕事を断って舞台だけをやっていたら知り得なかったであろう人々と知り合うことができた、ということを確認する感じもあって。声優をやったからできた体験――例えば、ちょっと人気があるということでレコードを出せたり、コンサートをやれたりしたことや、自分の劇団でも声優での人気があったからお客さんが入ってくれたとか……。声優をやっていなければできなかったことがたくさんあると、すごく

感じています。

――三ツ矢さんの活動全般を見ると、劇団も含め、演技を中心にしながら「表現全般」に関心があるのかなとも感じるのですが。

僕は若い頃から、ずっと動いていないと落ち着かないという過剰なところがあるんです。そのせいで100パーセントでいい仕事なのに120パーセントでやってしまうという（笑）。でも、その過剰の20パーセントが次の仕事につながってきた人生でもあったんです。ミュージカル『テニスの王子様』の脚本・作詞にしても、さかのぼれば以前やっていた劇団がきっかけなんです。あるとき、「今度SMAPというグループがデビューして『聖闘士星矢《セイントせいや》』を舞台でやるんだけど、お前は『聖闘士星矢』に出ていたし、劇団で脚本を書いているんだから書けるだろう。どうせなら自分で出演もすればいい」と偉い人に呼ばれたんです。そこで知り合ったのがミュージカル『テニスの王子様』の制作をしているネルケプランニングの松田誠会長で。そういうつながりの結果が今の自分なんです。

とは言っても、そろそろ年も年で、若い頃であれば複数の仕事をパチパチとスイッチを切り替えるような感じでできていたのですが、だんだんそれが難しくなってきた。だから、一度自分の中で区切りをつける年齢なのかなとは感じています。自分のペースでできる仕事を基本にして、美味しいものを食べたり（笑）、自分の好きなようにしたほうがいいのかなと。もちろん、声の仕事は続けますし、まだいろいろな役をやってみたい気持ちはあります。この前もゲームで、かぼちゃの役をやったのですが、かぼちゃってどんな声を出すんだろうと思って（笑）。やっぱり、そういうことを考えるのは楽しいですね。

おわりに

『プロフェッショナル13人が語る　わたしの声優道』をお求めいただきありがとうございます。本書で聞き手を務めたアニメ評論家の藤津亮太です。普段はWEBや雑誌などでアニメについてさまざまな原稿を執筆しています。

本書はアキバカルチャーマガジン『Febri』（一迅社）で連載したロングインタビュー「声優語」の単行本になります。「声優語」は2015年から2018年まで全23回にわたって同誌に掲載されたインタビュー連載で、1980年代後半から1990年代前半にキャリアをスタートした方を中心に、それぞれの仕事歴を振り返っていただきつつ、プロフェッショナルとしての姿勢をうかがいました。

この連載の単行本化は初めてではありません。連載の前半は2017年に出版された『声優語～アニメに命を吹き込むプロフェッショナル～』（一迅社）にまとめられています。同書には、11名の方、榊原良子、藤原啓治、三石琴乃、日高のり子、中田譲治、三木眞一郎、山寺宏一、山口勝平、井上喜久子、久川綾、緒方恵美（敬称略）のインタビューを収録しています。

そして今回の『プロフェッショナル13人が語る　わたしの声優道』は、連載後半の13回分をまとめたものです。連載中から手応えを感じていた内容なので、改めて多くの人に手にとっていただける形でのリリースをうれしく思います。

インタビューは、大きくわけて2つの方向性があります。ひとつはインタビューイの人間性にフォーカスする「フーダニット（whodunit）」。もうひとつはインタビューイの行ったことに注目した「ハウダニット（howdunit）」です。

フーダニットもハウダニットももとはミステリー用語です。多少意訳混じりに説明すると、フーダニットは「誰が実行したのか」という意味合いで、インタビ

ューに置き換えるならば、インタビューイの〝人となり〟を引き出す方向性です。一方、ハウダニットは、「いかにして実行したか」という意味合いで、こちらを意識するとインタビューイの仕事の背景を聞き出すインタビューになります。

本書に収められたインタビューは、インタビューイみなさんのおかげで、ハウダニット＝芸談の向こう側に、フーダニット＝ひととなりが浮かび上がる内容になったと自負しています。本書を通じて、多くの方が「声の演技」についてより深い関心を持っていただけたらうれしく思います。

本書は多くの方の力添えによって成立しました。

まず発端となった『Febri』の串田誠編集長、前田絵莉香さん。そして、連載後半分を世に出すにあたり、河出書房新社との縁をつないでくださった時代劇研究家の春日太一さん。さらに同社で編集を担当して、よき形に単行本をまとめてくださった岩﨑奈菜さんとデザイナーの坂野公一さん。

どうもありがとうございました。

読者の皆さんとは、願わくばまた新たな書籍でお目にかかれますように。

2019年4月1日

藤津亮太

プロフェッショナル13人が語る

わたしの声優道

2019年5月20日　初版印刷
2019年5月30日　初版発行

著者　井上和彦、大谷育江、関智一、田中真弓、千葉繁、飛田展男、冨永みーな、朴璐美、速水奨、平田広明、三ツ矢雄二、宮本充、森川智之
インタビュー　藤津亮太
デザイン　坂野公一＋吉田友美（welle design）
発行者　小野寺優
発行所　株式会社河出書房新社
〒151－0051
東京都渋谷区千駄ヶ谷2－32－2
電話　03－3404－1201［営業］
　　　03－3404－8611［編集］
http://www.kawade.co.jp/
組版　株式会社キャップス
印刷・製本　図書印刷株式会社

Printed in Japan
ISBN978-4-309-25635-1

わたしの声優道

プロフェッショナル
13人が語る

藤津亮太 インタビュー

井上和彦
大谷育江
関 智一
田中真弓
千葉 繁
飛田展男
冨永みーな
朴 璐美
速水 奨
平田広明
三ッ矢雄二
宮本 充
森川智之

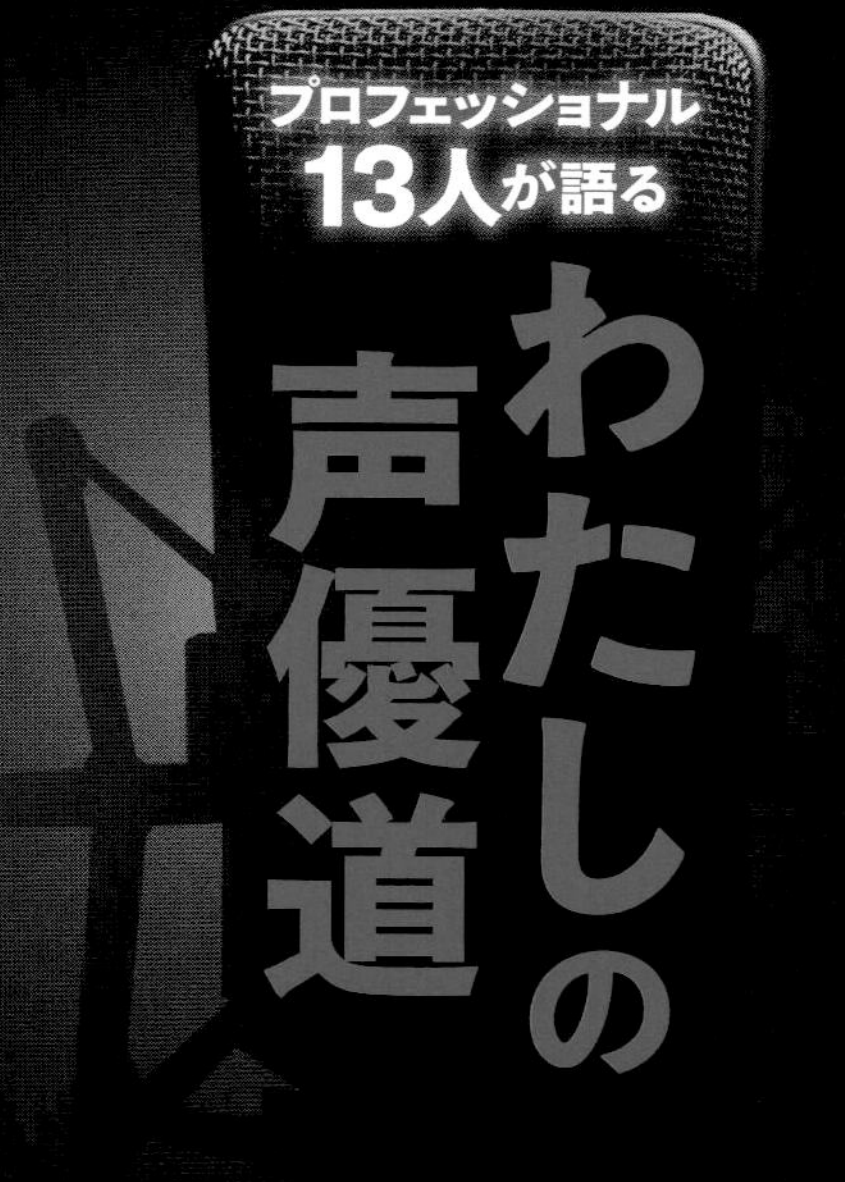

河出書房新社